▶ 山东省社科规划重大理论和现实问题协同创新研究专项（项目编号：22CCXJ18）
▶ 青岛农业大学高层次人才科研启动项目（项目编号：663/1120702）

地理集聚、商业信用与出口

GEOGRAPHICAL AGGLOMERATION, TRADE CREDIT AND EXPORT

李翠锦◎著

经济管理出版社
ECONOMY & MANAGEMENT PUBLISHING HOUSE

图书在版编目（CIP）数据

地理集聚、商业信用与出口 / 李翠锦著. -- 北京 ：经济管理出版社，2024. -- ISBN 978-7-5096-9816-7

Ⅰ. F832.6

中国国家版本馆 CIP 数据核字第 20244XQ494 号

组稿编辑：曹　靖
责任编辑：郭　飞
责任印制：许　艳
责任校对：蔡晓臻

出版发行：经济管理出版社
（北京市海淀区北蜂窝 8 号中雅大厦 A 座 11 层　100038）
网　　址：www. E-mp. com. cn
电　　话：（010）51915602
印　　刷：唐山玺诚印务有限公司
经　　销：新华书店
开　　本：720mm×1000mm/16
印　　张：13. 5
字　　数：208 千字
版　　次：2024 年 10 月第 1 版　　2024 年 10 月第 1 次印刷
书　　号：ISBN 978-7-5096-9816-7
定　　价：88. 00 元

前　言

自改革开放以来，中国工业经济呈现出显著的地理集聚不平衡特征，制造业企业的生产越来越集中于东部沿海地区。与此同时，中国地区间贸易不平衡也逐渐加剧，东部沿海地区也成为主要出口地区。地理集聚与出口之间高度正相关的经济现象已引起许多学者的关注，现有研究主要集中于地理集聚的经济效应对出口的作用。实际上，除了地理集聚的经济效应外，许多研究还发现地理集聚具有商业信用效应，即地理集聚能够通过提高企业间的商业信用帮助企业缓解融资约束，这在金融市场发展程度较低的国家尤为重要。在金融市场不健全的经济体中，由于银行信贷歧视与信息不对称问题的存在，大量企业难以从正规金融部门得到信贷融资，通常使用供应商提供的商业信用来缓解发展中面临的融资约束困境。然而，鲜有文献从商业信用的视角分析地理集聚对出口的作用。

因此，本书基于商业信用视角分析地理集聚对出口的影响。首先在理论上构建了地理集聚促进商业信用依赖型行业内企业出口行为的局部静态均衡模型，分析了宏观层面地理集聚与商业信用对行业出口额与二元边际的影响，以及微观层面对企业出口决策与出口额的作用。其次运用2004~2007年中国工业企业数据与286个相关城市数据，实证验证了宏观与微观层面地理集聚、商业信用依赖度与出口的关系。此外，基于企业商业信用融资的异质性特征，充分考虑到现有多数文献忽视的一些重要问题，即企业商业信用融资会受到银行信贷约束的影响，以及地理集聚程度会影响商业信用融资规模与银行信贷约束程度，分析了商业信用融资的出口作用随银行信贷约束的变化情况，以及在不同类型地理集聚城市上的差异。研究结果表明：

在宏观层面：地理集聚对行业出口额的正向影响随着行业商业信用依赖度的提升而扩大，在地理集聚程度越高的地区，商业信用依赖度高的行业具有越大的出口额；地理集聚对总出口增长的影响是沿两个边际实现的，但其在两个边际上的作用机制和程度不同，总体而言，地理集聚主要通过扩展边际影响行业出口额的增长，地理集聚程度的增加显著正向促进了出口的扩展边际，并且随着行业商业信用依赖度的提高而增大，地理集聚对出口集约边际的影响不显著。

在微观层面：①地理集聚的增加显著促进了企业出口的可能性，相对于低地理集聚地区，在高地理集聚地区生产率较低的企业更易于出口，这个结论也在一定程度上验证了中国企业出口存在“生产率悖论”，并提供了解释企业出口“生产率悖论”原因的新视角：由于地理集聚的差异导致了企业使用商业信用的差异，从而导致不同地理集聚地区企业出口生产率的临界值也不同，由于高地理集聚区内企业更易获得商业信用融资，出口生产率临界值较低，导致更多较低生产率的企业参与出口。②地理集聚程度越高的地区，商业信用依赖度越高的行业内企业越有可能出口，这说明在中国金融市场不健全的背景下，在难以获得充足正规金融机构信贷资金的情况下，商业信用依赖度高的行业内企业很容易从高地理集聚区内获得商业信用融资，从而克服出口固定成本的约束参与出口。③针对出口额估计方程的样本选择偏误问题，应用 Heckman 极大似然法和两步法估计发现，随着地理集聚程度的提高，商业信用依赖度高的行业内低生产率企业的出口额也会增加。④商业信用融资显著正向促进了企业出口的可能性，在地理集聚程度高的地区，这种正向促进作用更为显著；商业信用融资的出口促进作用和企业的银行信贷约束程度有关，银行信贷约束越大，商业信用融资的出口促进作用就越大，且相对于高地理集聚地区，在低地理集聚地区，企业面临更为严重的银行信贷约束，更加依赖于商业信用融资缓解融资约束，从而商业信用融资促进企业出口可能性的作用更强；企业商业信用融资程度的增加也促进了企业出口额的增加，并且在高地理集聚地区更为显著，商业信用融资对出口额的正向作用不受银行信贷约束的影响。

相对已有的研究，本书的主要创新点如下：

第一，以往文献主要从经济效应的视角分析地理集聚对出口的作用，如分析地理集聚的规模经济、投入共享、知识与信息外溢等对出口的影响，从商业信用视角分析地理集聚对出口作用的文献很少。现有研究也仅仅局限于实证分析地理集聚与商业信用依赖度对企业出口额的影响，缺乏在宏观层面分析地理集聚的商业信用效应对行业出口额及其二元边际的影响，以及缺乏在微观层面系统研究地理集聚对企业出口决策的作用。本书从商业信用的视角研究地理集聚对行业出口二元边际以及企业出口决策的影响，将填补现有文献研究的空白。

第二，关于地理集聚对出口作用的文献主要是实证研究，缺乏从理论上分析地理集聚、商业信用对出口行为的影响。不同于现有文献，本书借鉴 Manova（2013）的研究，构建了在不健全金融市场中地理集聚与商业信用对融资约束企业出口行为影响的模型。理论分析了地理集聚与商业信用依赖度对行业出口额与二元边际的影响以及对企业出口行为的作用。

第三，本书在分析异质性企业商业信用融资对其出口行为的作用时，充分考虑企业商业信用融资会受到银行信贷约束的影响，以及商业信用融资、银行信贷约束与地理集聚的关系，深入研究了银行信贷约束对商业信用出口作用以及这种作用在不同地理集聚地区的差异，揭示了异质性商业信用融资视角下集聚促进贸易发展的微观机制，丰富了融资约束与企业出口、集聚与贸易的相关文献。

在研究过程中，得到了葛嬴老师的悉心指导，他在本书的模型构建和实证研究等诸多环节上都给予了大量无私的帮助；本书附录部分得到了张晓、吴茜和刘子芊同学的相关论证和支持，在此一并表示由衷的感谢！

由于笔者水平有限，编写时间仓促，所以书中错误和不足之处在所难免，恳请广大读者批评指正。

目　录

第1章　导论

1.1　问题的提出

自改革开放以来，中国工业经济呈现出显著不平衡的地理集聚特征，制造业企业的生产越来越集中于东部沿海地区（文玫，2004；白重恩等，2004；路江涌和陶志刚，2006；Ge，2009）。与此同时，中国地区间贸易不平衡也逐渐加剧，东部沿海地区成为主要出口地区（Ge，2009；Sun等，2012；刘启明等，2023）。据统计，自2001年以来，中国出口前5大省份分别是东部的广东、江苏、上海、浙江和山东，这五大省份的出口占当年全国总出口额的73.2%，2009年达77.9%（胡翠等，2015）。地理集聚不平衡与出口贸易不平衡高度相关的经济现象已引起许多学者的关注，并主要围绕以下几个问题展开对这一经济现象背后的原因和机理的研究，即地理集聚是否是地区出口差异的重要决定因素？主要通过什么渠道影响到出口？对企业的出口行为产生怎样的影响？

早在20世纪20年代，地理集聚的作用就被学者所关注。Marshall（1920）指出地理集聚可以产生技术外部性，即在地理位置上集聚在一起的企业可以通过劳动力市场共享、知识外溢和专业化的供应商等渠道而获益。后来，Duranton 和 Puga（2001）进一步区分了产生集聚经济的“学习”“共享”和“匹配”三种微观机制。除了上述集聚的技术外部性外，许多研究还表明地理集聚具有商业信用效应，即集聚能够通过提高企业间的商业信用帮助企业缓解融资约束。例如，Otatti（1994）研究发现产业区内的企业集聚所形成的企业网络，及其关联交易推动了商业信用的发展，商业信用已成为产业区内企业运营资金的重要来源之一；Huang 等（2008）、Ruan 和 Zhang（2009）提供证据表明商业信用的确在中国羊毛衫和雨衣生产集聚的厂商中广泛存在。Long 和 Zhang（2011）应用 1995 年中国工业普查与 2004 年中国经济普查企业数据测度了集聚程度，经验验证了集聚程度的提高促进了企业间商业信用的普遍使用，降低了企业营运资金（Working Capital）对外部融资的依赖；王永进和盛丹（2013）运用中国工业企业数据也验证了在地理集聚程度越高的地区，企业获得的商业信用也越多。

许多研究表明，金融发展是国际贸易和比较优势的重要决定因素。在金融发展程度高的国家或地区，外部融资依赖度越高的行业具有更大的出口比较优势，因为融资依赖度高的行业内企业对外部资金的需求程度较大，在金融发展程度高的国家或地区，金融市场发展比较完善，这些企业更容易从外部金融机构获得自身发展所需的资金，从而能够克服出口固定成本约束，从而进入国外市场并在国外市场上销售更多的产品（Beck，2003；Svaleryd 和 Vlachos，2005；Manova，2008；Manova，2013；朱彤等，2007；包群和阳佳余，2008）。但是，在中国金融市场不健全与银行信贷配给存在的现实背景下，大量企业由于难以从金融机构获得融资支持，只能求助于供应商向其提供商业信用，来缓解自身发展面临的融资约束（Fisman 和 Love，2003；Allen 等，2005；Ge 和 Qiu，2007；石晓军和张顺明，2010；钟凯等，2022；颜杰等，2023）。地理集聚区内的企业由于距离的邻近，交易成本及监督成本的下降，更易于企业获得商业信用（Otatti，1994；Long 和 Zhang，2011；王永进和盛丹，2013）。

中国具有金融市场发展不健全与地理集聚程度存在地区差异的典型特

征，这为从商业信用视角研究地理集聚与出口的关系提供了良好的素材。但综观地理集聚与出口贸易的相关文献，主要集中于地理集聚的经济效应对出口的作用，如在宏观层面研究上，现有文献主要研究集聚对地区或行业生产率的影响，关注集聚对出口贸易影响的文献相对较少，且主要分析集聚的技术溢出、规模经济以及契约密集度等对国家或地区出口贸易的作用（Krugman，1979；Porter，2000；王永进等，2009）。在微观层面研究上，现有文献主要研究各种类型的集聚对企业出口的作用，并从生产技术、知识、信息的外溢、中间产品的投入共享、劳动力市场的匹配等渠道分析集聚对生产率进而对出口的影响。如何金秋等（2023）基于信息溢出视角研究了区域集聚对企业出口行为的影响；出口企业集聚对本土企业出口的影响（Bernard 等，2007），同一地区同一产业的企业集聚（专业化经济）、同一地区不同产业的企业集聚（多样化经济）对企业出口的影响（Sun 等，2012），以及同一出口国企业集聚对出口的影响，如 Cassey 和 Schmeiser（2013a）利用俄罗斯的海关数据的研究，也有文献对多种形式集聚对出口的影响进行了综合对比研究，并找出哪种类型集聚最显著影响企业的出口（Crozet 和 Koenig，2010）。

可见，无论是宏观层面还是微观层面，鲜有研究从商业信用视角关注地理集聚对出口贸易的影响。仅有 Long 和 Zhang（2011）应用 1995 年中国工业普查与 2004 年中国经济普查企业的面板数据，实证研究发现在集聚程度越高的地区，商业信用融资依赖度越高的行业内企业具有更大的出口额。Long 和 Zhang（2011）从企业层面分析了地理集聚与商业信用依赖度对企业出口额的影响，并没有深入研究对企业出口决策的作用。由于企业参与出口面临较大的固定成本约束，在地理集聚程度高的地区，商业信用依赖度高的行业内企业是否可以通过更多的商业信用融资增加出口决策，是更有必要研究的重要课题。

因此，在金融市场发展有限的经济体中，从商业信用的视角在宏观与微观多层面上研究地理集聚对出口贸易的作用，具有重要的理论价值和实践价值。本书的研究成果将在一定程度上补充和完善地理集聚与出口贸易关系研究的相关文献体系，为地理集聚、商业信用与出口三者之间关系的研究提供重要参考。研究结论对于中国区域的企业布局与规划、企业出口可持续发展与国际竞争力的提升等具有重要的战略意义。

1.2 研究思路、方法与创新点

1.2.1 研究思路

本书的基本思路是：

第一，对地理集聚与出口的相关理论和文献进行系统回顾，在前人研究的基础上，提出本书研究的商业信用视角与拟研究的具体问题。

第二，借鉴 Manova（2013）的融资约束企业的出口决策模型，构建地理集聚促进商业信用依赖型行业内企业出口行为的局部静态均衡模型，并结合 Lawless（2010）的模型，研究地理集聚、商业信用依赖度对行业出口额和二元边际的影响，以及进一步根据模型结果分析企业出口行为的作用，提出宏观层面的两个假设和微观层面的三个假设。这为下文的实证研究提供了理论基础。

第三，在城市行业层面上，运用中国工业企业数据与相关城市数据，对前文宏观层面的两个假设进行了实证验证，即检验地理集聚对行业出口额的影响，以及检验行业出口额的增长依赖于扩展边际还是集约边际。

第四，在企业层面上，运用中国工业企业数据和城市数据，对前文提出的三个微观层面的理论假设进行经验验证，分析地理集聚、商业信用依赖度对企业出口行为的影响。此外，在考虑企业异质性商业信用融资能力的前提下，进一步分析异质性的商业信用融资对企业出口的作用受银行信贷约束的影响，以及这种影响在地理集聚程度不同地区上的差异。

第五，在上述理论推演和实证结论的基础上，对全文进行总结，并指出本书的主要结论、政策建议与可能的不足之处。

具体研究思路如图 1-1 所示。

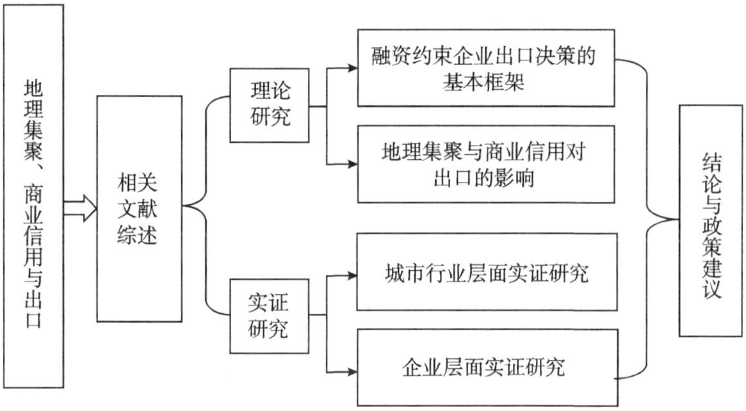

图 1-1　本书的研究思路

1.2.2　研究方法

本书坚持理论研究和实证研究相统一的研究方法。

1.2.2.1　理论研究

一是对现有文献的归纳分析，提出拟研究的几个问题。二是运用数理模型对所研究问题进行分析，提出一些研究假设，如第 3 章的研究，借鉴 Manova（2013）的研究，构建地理集聚促进商业信用依赖型行业内企业出口行为的局部静态均衡模型，结合 Lawless（2010）对出口二元边际的分解方法，提出地理集聚对行业出口二元边际的假设，以及根据模型推导和理论分析提出地理集聚影响企业出口行为的假设。

1.2.2.2　实证研究

第 4 章和第 5 章的实证研究部分主要是用计量方法检验理论假设的合理性。在检验过程中，充分考虑到数据的类型和特点，采用合适的估计方法。例如，估计企业出口可能性方程时，由于被解释变量是企业出口与否的虚拟变量，采用文献中广泛应用的 Probit 方法；当估计企业出口额方程式时，由于不出口的企业出口为零，出口额取对数后会有大量的缺漏值，产生样本选择偏误问题，所以采用处理样本选择偏误的 Heckman 模型估计更为合适。另外，还充分考虑了由双向因果关系、遗漏变量等所导致的潜在内生性问题，采用工具变量法、增加控制变量或滞后期模型估计。如在估计方程（4-4）时，我们选取合适的工具变量，使用两阶段最小二乘法，以克服潜在的内生性与估计量的不一致问题。主要采用 1984 年所在省份是否有工业园区作为虚拟变量 D_c，并使用 $credit_{ic} \times D_c$ 作为 $credit_{it} \times$ ln（$agglom_c$）的工具变量。在估计方程（5-4）时，为了避免解释变量和随机扰动项可能存在的相关性而对估计结果产生影响，本书对解释变量进行了滞后一期处理。

1.2.3 创新点

第一，以往文献主要从经济效应的视角分析地理集聚对出口的作用，如分析地理集聚的规模经济、投入共享、知识与信息外溢等对出口的影响，从商业信用视角分析地理集聚对出口作用的文献很少。现有研究也仅仅局限于实证分析地理集聚与商业信用依赖度对企业出口额的影响，缺乏在宏观层面上分析地理集聚的商业信用效应对行业出口额及其二元边际的影响，以及缺乏在微观层面上系统研究地理集聚对企业出口决策的作用。本书从商业信用的视角研究地理集聚对行业出口二元边际，以及企业出口决策的影响，将填补现有文献研究的空白。

第二，关于地理集聚对出口作用的文献主要是实证研究，缺乏从理论上分析地理集聚、商业信用对出口行为的影响。不同于现有文献，本书借鉴 Manova（2013）的研究，构建了在不健全金融市场中地理集聚与商业信用对融资约束企业出口行为影响的模型。理论分析了地理集聚与商业信用对行业出口额与二元边际的影响，以及对企业出口行为的作用。

第三，本书在分析异质性企业商业信用融资对其出口行为的作用时，充分考虑到企业商业信用融资会受到银行信贷约束的影响，以及商业信用融资、银行信贷约束与地理集聚的关系，深入研究了银行信贷约束对商业信用出口作用，以及这种作用在不同地理集聚地区的差异，揭示了商业信用融资、银行信贷约束与企业出口之间的关系，揭示了异质性商业信用融资视角下集聚促进贸易发展的微观机制，丰富了融资约束与企业出口、集聚与贸易的相关文献。

1.3 结构安排

第1章 导论。本章论述了本书的选题背景、研究问题、研究方法、研究思路、创新点及介绍全书的结构安排。

第2章 相关文献综述。本章主要从以下方面回顾了对本书有启发意义的主要理论及相关文献。第一，有关地理集聚与商业信用的研究。主要从“商业信用理论”和“地理集聚的概念、经济效应与商业信用效应”两方面进行了论述。第二，有关商业信用、融资约束与出口的相关文献。主要从“商业信用与融资约束”和“融资约束与出口”两方面展开论述，在现有中国金融体系的背景下，企业使用商业信用的主要动机是融资，商业信用的使用能够显著缓解企业的融资约束；大量文献表明融资约束显著影响了企业出口。第三，有关集聚与出口的研究。从宏观与微观两个层面分析集聚对出口的作用。第四，文献评述。提出本书研究的商业信用新视角与现有研究中存在的问题。第五，提出本书拟研究的主要内容。

第3章 理论模型。本章主要借鉴 Manova（2013）的融资约束企业出口行为模型，构建了地理集聚促进商业信用依赖型行业内企业出口行为的局部静态均衡模型。并结合 Lawless（2010）对出口二元边际的分解方法，研究了地理集聚、商业信用依赖度对行业出口二元边际的影响，提出了地区行业层面的两个假设；结合模型推导和理论分析，提出了地理集聚、行业商业信用依赖度对企业出口行为的影响的三个假设。

第4章 地理集聚、商业信用与出口：城市行业层面实证研究。本章主要并运用2004~2007年中国工业企业数据库与历年的《中国城市统计年鉴》的相关城市数据，以中国各城市细分行业的出口贸易为对象，验证地理集聚、行业商业信用依赖度与行业出口额与二元边际的关系，即第3章提出的宏观层面的两个假设。实证研究结果表明，在地理集聚程度越高的地区，商业信用依赖度越高的行业具有更大的出口额；地理集聚主要通过扩展边际影响了行业出口额的增长，在行业的商业信用依赖度较高时，地理集聚程度的增加显著正向促进了出口的扩展边际，并且这种正向作用随着行业商业信用依赖度的提升而增大，地理集聚不影响出口的集约边际。

第5章　地理集聚、商业信用与出口：企业层面实证研究。本章主要利用中国工业企业数据与相关城市数据，采用研究出口决策常用的Probit模型和解决出口额估计方程中样本选择偏误问题的Heckman模型，实证检验第3章提出的三个企业层面的假设。实证研究结果表明这些假设是合理的，即地理集聚程度的提升显著促进了企业出口的可能性；随着地理集聚程度的提升，但在地理集聚程度低的地区，更高生产率的企业才能出口；随着地理集聚程度的提高，商业信用依赖度高的行业内企业更容易参与出口；随着地理集聚程度的提高，商业信用依赖度高的行业内低生产率企业具有更大的出口额。此外，本章还基于企业商业信用融资的异质性特征，充分考虑企业商业信用融资会受到银行信贷约束的影响，以及地理集聚程度会影响商业信用融资获得与银行信贷约束程度，首先研究了商业信用融资对企业出口可能性的影响，基本结论为：商业信用融资显著正向促进了企业出口的可能性，在地理集聚程度高的地区，这种正向促进作用更为显著；银行信贷约束越大，商业信用融资的出口促进作用就越大，在低地理集聚地区更为显著。随后针对出口额估计方程的样本选择偏误问题，应用Heckman模型研究了企业商业信用融资对企业出口额的影响，发现企业商业信用融资显著促进了出口额的增加，并且在高地理集聚地区更为显著；商业信用融资对出口额的正向作用不受银行信贷约束的影响。

第6章　研究结论、政策建议与研究不足。总结本书的主要研究结论，提出相关的政策建议，并指出本书研究的几点不足。

第2章 相关文献综述

2.1 地理集聚与商业信用

2.1.1 商业信用理论

2.1.1.1 商业信用的概念

商业信用是指在日常赊销交易中供应商（卖方企业）向生产企业（买方企业）提供的一种短期融资，具体来说，就是供应商在提供商品后并不要求生产企业马上付款，生产企业可以延期一段时间再付款的融资方式（张杰等，2007；Ge 和 Qiu，2007；石晓军和张顺明，2010；黄允爵和叶德珠，2024）。

作为一种短期的融资方式，商业信用无论在发达国家还是发展中国家都是企业重要的融资方式。Rajan 和 Zingales（1998）指出，20 世纪 90 年代初，美国企业的商业信用在总资产中的比重高达 17.8%，而在一些欧洲国家，如德国、法国、意大利，这个比重甚至超过了 25%，在英国，接近 75%的短期债务总额和 50%的公司使用商业信用。Bartholdy 和 Mateus（2008）调查了欧洲 16 个国家约 2 万家企业，发现企业应付账款在总资产中的占比在16%~24%之间。在中国，孙浦阳等（2014）根据2004~2009年的中国工业企业数据，发现约两成的企业的商业信用占总资产的比例高于30%，约三成的企业高于20%。

2.1.1.2 商业信用存在的原因

商业信用广泛存在的原因是多方面的。从需求商业信用的角度分析，主要有降低交易成本动机与融资性动机；从供给商业信用的角度分析，主要有价格歧视动机和促销动机；同时从需求和供给商业信用的角度进行分析，主要是质量保证动机（刘民权等，2014）。具体如下：

（1）需求商业信用的角度：降低交易成本动机与融资性动机。

Schwartz（1974）首先创立了降低交易成本理论，Ferris（1981）后来对该理论进行了系统的阐述。降低交易成本理论认为，交易具有较大的不确定性，如交易商品的到货时间不确定，因此，交易是时间的随机函数。

在资产变现不易或者变现成本很高的情况下，为了能够使交易顺利完成，买方在交易前较长时期内必须持有一定的预防性资金。这自然会增加买方企业的现金管理成本和财务负担。使用商业信用能够促使交易中商品交换与货币交换在时间上分离，即在商品交换完成之后的一段时间内再进行货币交换，或根据双方协定，在固定时间对所发生的所有交易进行集中结算。因此，在商业信用使用过程中买方企业获得了准确的付款时间，并减少了结算次数，从而能够减少对预防性资金的需求，能够有效管理资金与节省交易费用。

融资性动机理论认为，由于受“信贷配给”等因素的影响，一些企业在得不到银行等正规部门信贷的情况下，只能从其供应商获得商业信用来缓解自身的融资约束。“信贷配给”的概念是由20世纪60年代Melitzer提出的，并且认为信贷配给是由金融市场的不完善导致的。

之后，Stiglitz和Weiss（1981）深入分析了金融市场上银行与企业之间的信息不对称，发现银行与企业之间的信息不对称会引起“逆向选择”和“道德风险”问题。在金融不完善的市场上，有些类型的企业无论愿意支付多高的贷款利息，都可能会因为信息不对称问题而被排斥在信贷市场之外，而有些类型的企业却可以得到贷款。一般来说，具有大量可供担保和抵押资产的企业，以及具备相对完善的财务制度和信息披露制度的企业，使得银行能够对其掌握较为充分的信息，减少了因信息不对称可能导致的道德风险，往往能在信贷市场上得到贷款。因此，在金融市场不完善的情况下，商业信用是银行信贷的一种替代，即使商业信用的使用成本较高，企业在得不到银行信贷的情况下也会使用它。

（2）供给商业信用的角度：价格歧视动机和促销动机。

价格歧视理论是指，当供应商拥有每个下游生产企业的保留价格或者需求价格弹性信息时，会对不同的下游企业索取不同的价格，被索取的价格正是下游企业的保留价格，即愿意支付的价格（Lehar 等，2020）。商业信用可以作为一种“价格歧视”的筛选机制被广泛使用。有还款能力、信用度好的企业会因为商业信用的高融资成本，选择尽早还款的行为；而融资约束严重、还款风险较高的企业会因为没有外部融资替代，选择融资成本较高的商业信用。

供应商提供商业信用还可能处于促销动机，例如，当商业信用市场需求低迷时，供应商改变商业信用合同条款，提供利率较低还款时间较长的商业信用，扩张商业信用的供给以刺激需求；而当商业信用市场需求旺盛时，供应商会提供利率较高还款时间较短的商业信用，紧缩商业信用的供给，从而抑制市场需求。此外，供应商可以利用优惠的商业信用，与信用度良好的生产企业保持长期的关系，从而保持产品市场供给的稳定性（Summers 和 Wilson，1999）。

（3）从需求和供给商业信用的角度：产品质量保证动机。

商业信用可作为一种隐性质量保证机制，成为生产企业对供应商提供的产品质量进行最优风险控制的手段（周定根和杨晶晶，2016；张帆，2022）。通常，还款期限短和现金折扣率高的商业信用合同往往由低质量产品供应商提供，这样的合同能够促使生产企业尽早付款，从而转移低质量产品的风险；而还款期限长和现金折扣率低的商业信用合同传递了产品高质量的信号，一般由高质量产品供应商提供。因此，通过供应商提供的商业信用合同还款条件，生产企业能够判断供应商提供的产品质量，从而选择对自己最有利的商业信用形式（张杰等，2007）。

2.1.2 地理集聚概念、经济效应与商业信用效应

2.1.2.1 地理集聚的概念

1991 年，克鲁格曼在其著作《地理与贸易》中指出，集中是经济活动最突出的地理特征。纵观各国经济发展状况，在某些特定地区的企业集聚已成为一种普遍现象，且对当地的经济或企业发展产生了重要的推动作用。

关于集聚的经济现象，最初的讨论仅仅局限于行业维度，争论的焦点主要是集聚的经济效应是由行业集中还是城市规模引起的。20 世纪 20 年代，英国经济学家 Marshall（1920）就强调了经济活动的集聚现象，提出了“当地化”的概念，认为许多性质相似的中小企业在特定地区所带来的外部经济对当地经济发展极为重要，并指出集聚的经济效应是在地理位置上集聚在一起的企业能够通过劳动力市场共享、知识外溢共享和中间投入共享而获益。而后来 Jacobs（1970）更强调“城市多样化”的重要性，认为多样化能够发生多行业共赢的效应。之后的许多研究主要围绕当地化和城市多样化展开讨论，这些讨论被称为 Marshall 与 Jacobs 的争论。

除了行业维度，集聚经济还具有地理维度含义，即一定地理范围内的企业总体经济活动对当地经济或企业所产生的效用。地理范围一般是基于省、市、州、郡等政治概念来划分的。Ciccone 和 Hall（1996）较早使用了地理维度含义的集聚经济，他们在解释美国州层面的劳动生产力时，加入郡层面的就业密度作为解释变量，发现地理集聚对经济增长具有显著的正效应，郡层面的就业密度每增加 1 倍，生产力就会增长约 5%。Dekle 和 Eaton（1999）使用租金代理集聚经济考察日本的县水平数据，发现了集聚经济存在的证据，证明了集聚经济存在于较大的地理范围内。

本书所考察的地理集聚具有地理维度的特征，是微观经济个体即企业

在地理空间上集聚或集中的过程。

2.1.2.2 地理集聚的经济效应

20世纪20年代，马歇尔就强调了地理集聚的经济效应，认为集聚在某些地区的“当地化”可以带来三种收益，即劳动力市场共享、知识外溢共享和中间投入共享而获益。

Hoover（1936）认为，地理集聚的静态经济效应体现在两个方面：一是行业内的集聚效应，即地方化经济（Location Economies），指某地区内的单个企业从同行业企业的集聚过程中，获得本企业之外和同行业以内的外部经济；二是跨行业的集聚效应，即城市化经济（Urbanization Economies），指单个企业从本城市内同行业之外其他行业企业的集聚过程中，能够获得知识外溢、中间产品共享等收益。此外，动态的同行业内的集聚效应又被称为马歇尔外部性（Marshallian Externalities），动态的同城市内跨行业的集聚效应被称为雅各布斯外部性（Jacobs Externalities）。

20世纪90年代，美国经济学家波特分析了地理集聚与国家或企业竞争力的关系，认为国家或企业竞争优势取决于四个要素：企业战略、要素条件、需求状况和相关产业。地理集聚所形成的企业网络，能够促进这些要素之间的相互作用和功能发挥，激发整个系统之间的活力。

2.1.2.3 地理集聚的商业信用效应

地理集聚是企业在地理空间上的集中，这种集中所形成的企业网络不仅能带来技术、知识、信息的外溢、中间产品的投入共享、劳动力市场的共享等经济效应，还会带来商业信用效应。Otatti（1994）研究发现，在产业区内企业集聚形成了企业网络，其产生的关联交易推动了商业信用的发展，商业信用已成为产业区内企业营运资金的重要来源之一。Russo和Rossi（2001）发现，相比集聚程度较高的意大利北部和中部产业区，集聚程度较低的南部地区企业在融资过程中，要支付更高的利息和面临更为严重的信贷约束。Long和Zhang（2011）提出，在金融发展有限的发展中国家，集聚能够提高企业间的商业信用，从而帮助企业缓解融资约束。王永进和盛丹（2013）运用中国工业企业数据研究表明，地理集聚对企业商业信用的发展具有显著促进作用，即地理集聚程度越高的地区，商业信用发展水平越高，并且地理集聚的商业信用效应还存在显著的企业异质性，非国有企业、大企业、高效率企业以及资本密集型企业受地理集聚的正向影响更大。陈海盛（2020）研究发现地理集聚显著促进了商业信用环境的优化。

地理集聚如何影响企业间商业信用？影响的主要渠道可从企业间信任与声誉机制的角度加以解释。商业信用本质上是一种契约安排，契约（合同）的签订和执行是基于双方的信任开展的，通常卖方企业是否愿意为买方企业提供商业信用，取决于其对买方企业的声誉掌握情况以及信任程度（王永进和盛丹，2013）。而企业声誉的形成主要来自两方面：一方面来自交易双方业务往来的次数和时间长短；另一方面取决于纠纷信息传播速度和监督成本的高低（李涛和李红，2004）。由地理集聚形成的企业网络，不仅可以加强交易双方业务往来次数和程度，增加彼此之间的信任，促进商业信用活动的开展，而且还会加速纠纷信息在集聚网络内的扩散，降低监督成本，促进声誉机制的发挥。如果卖方企业违约，违约信息会在集聚网络中迅速扩散，低声誉导致其很难再从其他供应商处获得商业信用融资。因此，地理集聚能够促使交易双方增加彼此的信任度和重视自身的信誉，从而降低了商业信用合同的违约风险。

2.2 商业信用、融资约束与出口

2.2.1 商业信用与融资约束

大量经验研究已证实商业信用对缓解企业融资约束的重要性，尤其当企业面临严重信贷融资时会更多使用商业信用。因为商业信用的双方是密切往来的商业伙伴，彼此有比较深入的了解，且具有共同的商业利益，这使得供应商（卖方企业）比银行更能控制贷款的风险，更能保证借贷合同得到有效执行。与其他融资方式相比，商业信用具有风险小、门槛低的特点，企业在面临融资约束时，买卖双方都会选择商业信用来替代其他融资方式（Petersen 和 Rajan，1997；毛其淋和钟一鸣，2023）。

Petersen 和 Rajan（1997）指出，小企业遭受银行信贷限制时通常会选择商业信用作为替代的融资渠道。Rajan 和 Zingales（1998）针对 37 个行业和 44 个国家的研究发现，在金融发展薄弱的国家，企业的应付账款表现出较强的增长率。Fisman 和 Love（2003）研究发现，在金融发展程度不高的国家，企业依赖商业信贷的程度更高。

由于中国金融市场发展相对滞后，以及银行信贷配给歧视性的存在，导致了大量急需资金支持的企业难以从银行系统及时获取贷款融资。许多学者也针对中国的现实经济特征研究了商业信贷与银行信贷的关系，并指出银行贷款和资本市场之外的非正规融资渠道对我国非国有企业发展起到重要作用。例如，Ge 和 Qiu（2007）采用中国社会科学院 1994~1999 年国有企业和非国有企业的问卷调查数据和财务数据，指出相对于国有企业，非国有企业使用更多比例的商业信用来满足自己的投资需求。

王彦超和林斌（2008）采用我国上市公司 1999~2005 年的数据证实银行贷款融资渠道和商业信贷融资渠道存在替代关系。Cull 等（2009）采用 1998~2003 年中国制造业的数据，发现对那些受到银行信贷的企业来说，商业信贷与银行信贷之间存在着替代关系；Huang 等（2008）通过对 1998~2006 年 284 家中国上市公司面板数据的研究，发现商业信贷与银行信贷之间存在替代效应，而且这种效应与经济周期存在着反向关系。

阳佳余和杨蓓蕾（2013）采用 1038 家中国上市公司 1999~2009 年的面板数据，通过 GMM 估计方法研究企业间商业信用与银行信贷之间的关系，证实了商业信用与银行信贷的替代性。内源资金丰厚、资金运用效率高、财务成本高的企业往往较少使用商业信用，而有形资产占比高、存货比率高的企业更加依赖商业信用。对于成立时间短和资产规模较大的企业，商业信用与银行信贷之间的替代关系更强。

上述研究只是从银行信贷与商业信用具有替代关系角度间接说明商业信用具有缓解企业融资约束的作用。实证考察商业信用在企业融资中的作用，验证其是否有助于缓解企业融资约束的实证研究成果还很少。近年来，国内学者石晓军和张顺明（2010）、孙浦阳等（2014）以及李泽广和覃家琦（2020）在实证检验商业信用与融资约束之间的关系上取得了较大进步，并得到了较有启发性的结论。

石晓军和张顺明应用中国 176 家上市公司 1999~2006 年的数据，采用两阶段计量分析方法，发现商业信用显著缓解了企业融资的约束程度，并且商业信用主要通过缓解企业融资约束促进规模效率的提高，通过资源配置机制实现比银行借款更大的规模效率。

孙浦阳等使用中国工业企业数据库 2004~2009 年每年约 10 万家规模以上工业企业的数据，实证研究发现商业信用是一种有效的融资渠道，对小企业、私营企业以及外部金融环境较差的企业，商业信用的融资作用更大；当正规部门融资成本上升时，国有企业、外资企业及外部金融环境良好的企业也能通过商业信用来缓解融资约束。

2.2.2 融资约束与出口

现有多数文献认为融资约束制约企业出口固定成本支付，进而影响企业出口行为。企业出口前需支付一定的出口固定成本，如对国外市场的调研费用、对国外消费群体的信息收集费用、适应出口国要求更换产品包装的费用、迎合国外消费者偏好以调整产品特性的费用等。因而只有资金流充足、不受资金束缚的企业才有可能支付这一系列的出口固定成本。如果企业自身现金流不能满足支付要求，又不能通过外部融资渠道获得资金以弥补内部融资缺口，那么企业将很难出口。

在理论研究方面，Chaney（2008）与 Manova（2013）基于异质生产率的企业模型，分析金融约束对企业出口的影响。在 Chaney 的研究中，企业在生产率与流动性上都具有异质性，每一种类型的异质性都显著影响了企业出口的扩展边际，并且生产率更高的企业和流动性更强的企业更有可能出口，但是只有生产率影响到企业出口的集约边际。Chaney 认为，一旦企业获得克服固定成本的足够的流动性，它就会用出口的内部融资来弥补可变贸易成本。

与 Chaney 强调出口内部融资弥补可变贸易成本不同，Manova 强调了出口借贷的外部融资的重要性。具体来说，Manova 认为，不同国家和不同部门的企业在外部融资上存在差异，国家间的差异说明了金融执行合同的差异，部门间的差异表明了企业对外部融资需求的差异，企业的外部融资不仅能克服出口固定成本，而且也能弥补部分可变贸易成本。企业的融资约束越大，出口参与的可能性就越小，并且出口量也低于融资约束较小的出口企业。此外，Manova 表明，在金融发展水平高的国家企业不仅出口产品的数量较多而且出口值也较大。

李志远和余淼杰（2013）通过考虑不同类型企业的融资约束扩展了 Melitz（2003）模型，由于跨国公司的子公司更易进入资本市场，又由于出口比国内生产需要更高的固定成本，因此，相对于非跨国公司企业，它们的融资约束程度较低，跨国企业比本土企业更有可能出口。

Feenstra 等（2014）基于银行不能观察到企业生产率的假设，分析了出口企业和国内企业融资约束的后果。由于出口需要额外的固定成本，在其他条件不变的情况下收紧融资约束，相对于国内企业，出口企业的收入具有更大的风险。出口企业只能向银行提供更大的抵押品获得银行贷款，从而克服固定成本约束增加企业出口可能性。

在实证研究方面，学者从国家层面、行业层面与企业层面实证研究了融资约束对出口的影响。国家或国家—行业层面的研究，Beck（2003）、Manova（2013）指出融资约束对总出口的重要影响。例如 Manova 应用跨国层面双边出口的面板数据，发现金融发达国家更容易出口，并且这种效应在金融脆弱性部门尤其显著。

企业层面出口的前期实证文献主要关注生产率和其他因素对出口可能性的影响（Bernard 和 Jensen，2004），最近的实证研究表明融资约束也是影响企业出口行为的重要因素。Berman 和 Héricourt（2010）通过研究 9 个发展中国家的跨国企业数据发现，金融状况良好的企业更有可能出口，并且融资约束对扩展边际的作用大于集约边际。Alvarez 和 Lopez（2013）对智利企业的研究得出，金融发展水平的提高增加了生产率更高的企业的出口和更加依赖外部融资部门中外资企业的出口。然而，Stiebale（2011）运用法国制造业企业数据，控制了可观测与不可观测的企业异质性后，发现金融约束对企业的出口行为没有显著的影响。

对中国企业的出口行为，Manova 等（2011）、李志远和余淼杰（2013）研究了融资约束与出口之间的关系。Manova 等应用 2005 年中国出口企业的截面数据，分析了金融脆弱性对出口量、出口产品范围和出口伙伴数目的影响，发现与国有企业相比，外资企业和合资企业出口更多，尤其在外部金融依赖度较高的行业。李志远和余淼杰关注出口集约边际和出口—销售量比率的研究，并发现融资约束越小的企业出口量越大。Egger 和 Kesina（2014）应用 2001 ~ 2007 年中国制造业企业数据，分别采用流动负债对销售量的比率与流动资产对总资产的比例作用融资约束的度量指标，研究结果支持 Chaney（2008）的观点，即融资约束对企业出口的扩展边际有显著的影响，但对集约边际的影响不显著。

商业信用是一种融资来源，可以为企业带来发展中所需的资金，因此商业信用可以缓解企业的融资约束。已经有多篇重要文献（Burkart 和 Ellingsen，2004）将商业信用和融资约束联系起来进行研究，研究发现，在企业和银行之间信息不对称的情况下，一些企业往往会受到银行信贷配给的约束，这些企业常常会使用商业信用来缓解融资约束。李增泉等（2008）指出，融资约束对于发展中国家而言，更是企业面临的大问题。我国作为一个发展中国家，且经济又处于转型阶段，我国企业特别是非国有企业普遍存在融资困境。通常国有企业或国有控股企业能够获得连续贷款，而民营企业却无法取得与之平等的融资地位，其在获取贷款时往往受到信贷歧视或面临着更高的贷款条件限制（Huang 等，2008）。对非国有经济的支持，商业信用可能会超过银行贷款（Allen 等，2005）。在金融体系不发达的国家，与国有企业相比，非国有企业更多地使用商业信用，使用动机主要来自融资而不是交易（Ge 和 Qiu，2007）。

2.2.3 商业信用与出口

商业信用作为一种重要的非正规融资方式，在金融市场不健全的发展中国家与经济转型国家中，被大量企业广泛应用（Coricelli，1996；Fisman 和 Love，2003；Fisman 和 Love，2003；Ge 和 Qiu，2007）。这主要由于在这些经济体中，信贷配给现象普遍存在，大量企业无法获得充足的银行贷款，只能求助于供应商向其提供商业信用，即商业信用融资与银行信贷之间存在替代关系（Petersen 和 Rajan，1997；石晓军和李杰，2009）。与银行信贷相比，商业信用对企业的可持续发展起到了更为重要的作用（Garmaise 和 Moskowitz，2003）。

由于企业的融资状况显著影响到企业的出口，融资约束程度越高的企业出口的可能性越低（Manova，2008；Berman 和 Héricourt，2010；Minetti 和 Zhu，2011；Chaney，2016）。但是，现有的大量文献主要从银行信贷等正规融资的角度分析融资约束与出口的关系。作为缓解企业融资约束的重要融资渠道，商业信用对出口的作用只是近几年才受到学者的关注。例如，Wang（2015）运用东欧和中亚国家制造业面板数据，采用 Probit 方法研究发现，商业信用融资程度的提升正向促进了企业出口可能性，并且当贸易成本下降时，商业信用融资程度较低的企业出口可能性会显著增强。韩剑和王静（2012）运用中国工业企业数据和 Probit 方法发现，商业信用融资程度越低的企业越倾向于出口，而范小云和董二磊（2015）运用中国工业企业数据和联立方程方法，发现商业信用与企业出口之间存在显著的正相关关系。马述忠和张洪胜（2017）实证发现商业信用通过缓解企业融资约束进而促进企业出口行为。虽然由于数据与研究方法等差异可能导致上述研究结论的不一致，但是，上述文献忽视了一个共同的问题：在现有中国的金融体系下，商业信用融资与银行信贷融资具有替代性的关系。

2.3 地理集聚与出口

2.3.1 宏观层面研究

企业出口行为的空间分布理论主要是国际贸易理论和新新经济地理理论。早在1991年，新经济地理的开创者Krugman解释了运输成本与地区专业化之间的关系，从而引发了关于集聚与贸易关系的大量研究。最近，Okubo（2010）将Melitz（2003）的异质性企业模型融入Krugman（1991）的CP模型中解释了企业生产率对产业集聚的作用。

在实证研究方面，大量文献集中于贸易自由化对不同国家产业集聚的影响，例如，Gao（2002）、Ge和Qiu（2007）利用中国产业水平的数据，Venables（1999）采用法国企业的数据，Sjoberg和Sjoholm（2002）应用印度尼西亚产业水平的数据分析贸易对集聚的影响。

近年来，有些文献也研究了地理集聚对贸易的影响，如Yilmazkuday（2011）用美国产业数据发现州水平的集聚程度对国内贸易模式有显著的影响。王永进等（2009）从不完全契约的视角，基于资产专用性的分析渠道，认为地理集聚可以节约运输成本，降低资产专用性程度，并缓解投资扭曲问题，并采用中国省份相关数据，得出地理集聚程度高的地区更倾向于出口契约密集度高的产品的结论。Cassey和Schmeiser（2013b）运用美国州水平的数据，发现同一州内的同一目的国出口企业的集聚水平对州出口额具有显著的正向影响。但是，从目前宏观层面的研究成果来看，还没有成果涉及从商业信用的角度分析地理集聚对出口比较优势或出口额的作用。

此外，一个国家（地区）出口额的变动可以沿着两个边际（扩展边际和集约边际）来实现。现有关于一个国家（地区）出口二元边际的相关文献主要集中于三个方面：一是对出口贸易二元边际的界定；二是研究贸易成本的变化对出口二元边际的影响；三是分析贸易成本之外的其他因素对出口二元边际的作用。

在对贸易二元边际的界定上，目前还没有统一的标准，研究者主要根据研究目的和数据维度，来界定贸易的二元边际。总体来看，现有对贸易二元边际的结构性分解，主要从两个层面来展开：一是产品层面；二是企业层面。很多学者从产品层面对中国出口进行二元边际的结构性分解，如钱学锋和熊平（2010）从产品层面将中国出口增长分解为集约边际与扩展边际，施炳展（2010）基于 Hummels 和 Klenow（2005）的方法，从产品层面将中国出口增长分解为广度增长、数量增长和价格增长。但是，由于产品层面的研究往往因表示产品分类数据的不足而难以反映产品种类的变化，以致可能低估一些新出现的贸易品的种类从而影响测量的精度，还可能因为忽略企业在出口市场的进出动态变化而使政策建议缺乏可操作性（陈勇兵等，2012）。所以许多文献关注企业层面贸易二元边际的分解，即主要从出口企业数量和平均企业出口量上分解出口的二元边际结构（Melitz，2003；Eaton 等，2008；Lawess，2010；陈勇兵等，2012），如 Lawless（2010）利用美国企业出口的数据，把出口额分解为出口企业的数量（扩展边际）和单位企业的平均出口额（集约边际）；Eaton 等（2008）运用哥伦比亚的企业海关数据，不仅分解了出口额的二元边际，即出口的企业数量与单位企业的平均出口额，而且也分解了出口增长率的二元边际，即已出口企业出口额的增长率和进入与退出企业出口额的增长率。陈勇兵等（2012）也将企业层面的二元边际分别定义为出口企业数量和单位企业平均出口额，描述了中国企业出口的动态以及二元边际结构的特征。

理论上分析贸易成本的变化对出口二元边际的影响，最早是在 Krugman（1980）贸易模型中得以体现。在 Krugman 贸易模型中，企业是同质的，所有企业都会出口。当贸易成本变化时，出口企业的数量不变，只有单位企业出口额发生变化，也就是说，只有集约边际效应。这显然与经济现实不符，在实际经济中，并不是行业内的所有企业均会出口。为了解释这一经济事实，Melitz（2003）以 Hopenhayn（1992）一般均衡框架下的垄断竞争动态产业模型为基础，通过引入企业生产率的异质性扩展了 Krugman（1980）的贸易模型，认为只有高生产率的企业才会出口，较高生产率的企业只能在国内生产与销售，最低生产率的企业会退出市场，并且进一步分析贸易自由化对出口的影响，发现贸易成本的下降提高了国内市场的临界生产率水平，并降低了出口临界生产率水平，出口企业的数量和单位企业的出口值都会发生变化，即有扩展边际效应又有集约边际效应。后来，多位学者基于 Melitz（2003）模型，在理论上扩展了贸易成本对出口二元边际的分析，如 Lawless（2010）在异质性企业理论基础之上，假定企业出口的产品是单一产品，分析了固定成本与可变成本的变化对出口企业数目与单位企业出口额的影响。Chaney（2008）在分析贸易壁垒和贸易流量的关系时，通过扩展不同种类产品的替代弹性的作用，发现在扩展边际效应上贸易壁垒对贸易流量的影响要大于 Krugman 模型，而且两个模型在高替代弹性部门贸易流量对贸易壁垒的弹性也不同。陈勇兵等（2012）基于企业异质性理论框架与 Lawless（2010）的单产品企业出口二元边际的分析思路，扩展到多产品企业出口的情形。

实证研究贸易成本变化对二元边际影响的文献，主要体现在出口固定成本与可变成本中某一组成部分的变化对二元边际作用。例如，Das 和 Roberts（2007）、Eaton 等（2008）通过对市场进入成本的模拟发现，市场进入成本的下降主要通过扩展边际作用于贸易额的增加。Lawless（2010）利用美国企业出口的数据，把出口额分解为出口企业的数量（扩展边际）和平均出口量（集约边际），并实证分析了多个贸易成本变量（如每个国际一个标准集装箱完成进口程序需要的单证数量、完成进口程序所需的天数以及所需的费用等）对两个边际的不同影响。

除了贸易成本影响出口二元边际，越来越多的学者还关注其他因素对出口二元边际的影响，如金融发展、国家规模等因素。Hummels 和 Klenow（2005）研究了国家规模对出口二元边际的作用，他们发现规模大的国家有更大的出口额，且扩展边际占69%，集约边际不是由更高的单位产品出口值决定的，而是由更高的出口产品数量决定的。Manova（2013）将信贷约束与企业异质性纳入Melitz（2003）模型中，分析了在金融发展程度越高的地区，金融脆弱性越低的行业出口更大的作用机制，金融发展水平的提高将使企业更容易获得外部资金，从而克服出口成本的约束，增加企业出口可能性与出口贸易量。

在中国的经济体中，由于银行信贷歧视与信息不对称问题的存在，企业很难从正规金融部门融资，通常使用供应商提供的商业信用缓解发展中面临的融资约束问题（Fisman和Love，2003；Allen等，2005；Ge和Qiu，2007；石晓军和张顺明，2010），而地理集聚程度的增加促进了企业对商业信用使用程度的提升（Russo和Rossi，2001；王永进和盛丹，2013；佟家栋和刘竹青，2014）。所以，在当前中国总体金融发展程度较低的背景下，分析地理集聚对商业信用依赖型行业出口二元边际的影响更加符合中国的经济现实。然而，现有文献主要从地理集聚产生的技术溢出、规模经济、契约密集度等角度考察地理集聚对出口贸易或比较优势的影响（Krugman，1979，1980；王永进等，2009），却缺乏分析地理集聚通过商业信用渠道对出口二元边际的作用。

2.3.2 微观层面研究

关于地理集聚对企业出口的研究成果较为丰硕，现有文献研究了各种类型的集聚对企业出口的影响，主要分析了集聚产生的技术溢出、知识外溢、劳动共享等经济效应对出口的作用机制，集中于：研究一个地区内同类企业的集聚对出口行为的影响，如出口企业集聚对本土企业出口的影响（Aitken和Hanson，1997；Bernard和Jensen，2004；刘启明等，2023）；同一地区同一产业的企业集聚（专业化经济）以及同一地区不同产业的企业集聚（多样化经济）对企业出口的影响（Sun等，2012；张艳等，2024）；同一目的国出口企业集聚对企业出口行为的影响，如Cassey和Schmeiser（2013b）利用俄罗斯海关数据的研究；也有文献对多种形式集聚对出口的影响进行了综合对比研究，并找出哪种类型聚集显著影响了企业的出口（Crozet 和 Koenig，2010）。

除了同一地区内同类企业集聚对出口行为的影响研究外，现有研究还关注了一个地区内所有企业的集聚对出口的影响，即从地理维度考察集聚效应对企业出口决策和出口量的作用。例如，Sun 等（2012）研究发现，地理集聚引起的竞争和选择效应促使生产率低的企业退出市场，同时，地理集聚降低了产业的进入成本、出口的固定和可变成本及有效劳动工资，并运用中国制造业企业数据实证得出地理集聚越高的地区，生产率越高的企业具有越大的出口倾向和出口量；刘竹青等（2014）从产品技术复杂度角度考察了地理集聚对中国出口贸易的微观影响。发现集聚程度的提高改善了企业的出口决策，显著提高了技术复杂度较高企业的出口倾向和出口量，促进了中国出口贸易发展的“二元边际”。如 Freeman 等（2012）考察了区位因素对澳大利亚中小企业出口的影响，发现位于经济活动相对集中的大都市地区的企业在出口贸易上具有一定优势。Rodríguez-Pose 等（2013）利用印度尼西亚的企业数据分析了地理因素对企业出口绩效的影响，发现“第一性质”和“第二性质”的地理特征都会影响企业出口，集聚效应和出口溢出效应对促进企业的出口倾向和强度有显著影响，企业所在地区及相邻地区的环境也会影响企业的出口决策。Farole 和 Winkler（2014）对 76 个发展中国家的 35000 家制造业或服务业企业的研究发现，地区投资环境和集聚经济对发展中国家企业的出口参与有重要影响。刘竹青和周燕（2014）利用 2000~2007 年我国制造业企业的非平衡面板数据，采用 Heckman 两阶段选择模型考察了地理集聚通过专用性投资对我国企业出口决策的影响。发现地理集聚程度的提高会显著促进企业的出口决策和出口规模，而且其对高契约密集型行业内企业影响更大，对出口决策的影响超过出口规模。

由于在金融发展有限的发展中国家，地理集聚的另一个主要优势是通过提高企业间的商业信用帮助企业缓解融资约束，所以近年来一些学者商业信用或外部融资依赖度的角度考察地理集聚对企业出口的影响。如

Long 和 Zhang（2011）应用1995年中国工业普查与2004年中国经济普查企业的面板数据，实证研究发现，在集聚程度越高的地区商业信用依赖度高的行业具有越大的出口额。佟家栋等（2014）从外部融资依赖的角度考察了地理集聚对中国融资依赖型行业内企业出口行为的影响，并采用自筹资金以外的投资来源占本年资金来源的比重来度量行业外部融资依赖度。但是，Long 和 Zhang 只是在企业层面分析了地理集聚与行业商业信用依赖度对企业出口额的影响，并没有深入研究对企业出口决策的作用。佟家栋等的外部融资依赖度指标中的投资来源主要指政府预算拨款、国内贷款、债券、利用外资等，没有考虑企业商业信用的融资能力，从而不能很好地反映地理集聚在促进企业融资上的主要商业信用功能。

2.4 文献评述

现有文献已对地理集聚对出口的作用进行了相关研究，并取得了较为丰硕的成果，这为本书的研究提供了坚实的理论基础。

在宏观层面，已有研究主要基于规模经济、技术外溢、契约密集度等视角得出地理集聚影响地区出口贸易的重要因素，然而缺乏从商业信用视角分析地理集聚对行业出口二元边际的影响。在中国的金融体系以及地区集聚差异的现实背景下，很有必要研究地理集聚是否通过商业信用渠道影响了地区—行业出口额，以及考察地理集聚对行业出口额的影响渠道是扩展边际还是集约边际。

在微观层面，无论现有文献研究哪种类型的地理集聚对企业出口行为的作用，在关于集聚影响企业出口的机制分析上，主要关注于集聚的经济效应，即从生产技术、知识、信息的外溢、中间产品的投入共享等渠道分析集聚对出口的影响。尽管 Long 和 Zhang（2011）考虑地理集聚产生的商业信用对出口的影响，但是 Long 和 Zhang 只是在企业层面分析了地理集聚与行业商业信用依赖度对企业出口额的影响，缺乏研究两者对企业出口决策的作用。由于企业参与出口面临更大的固定成本约束，处于地理集聚程度高的地区以及商业信用依赖度高的行业内企业是否可以通过更多的商业信用融资增加出口可能性，是本书重点研究的一个方向。

进一步从微观层面考察商业信用对企业出口行为的影响，需要考虑行业内企业商业信用融资的异质性。尽管已有文献研究了商业信用融资异质性对企业出口行为的影响，但这些研究均忽视了一个重要命题：在中国的金融体系下，商业信用融资与银行信贷融资具有替代性的关系。因此，如果分析商业信用融资对企业出口决策的作用与大小，需要充分考虑商业信用的出口促进作用随银行信贷约束的变化情况。此外，许多研究还表明，企业商业信用的融资程度还与其所处地区的集聚程度密切相关，如 Otatti（1994）研究发现，在产业区内集聚所形成的企业网络和关联交易推动了商业信用的发展，商业信用成为产业区内企业运营资金的重要来源之一；王永进和盛丹（2013）发现，在地理集聚程度越高的地区，企业获得的商业信用也越多。另外，企业的银行信贷约束程度也会受到地理集聚的影响。例如，Russo 和 Rossi（2001）发现，在集聚程度较低的意大利南部，企业在融资过程中要比地理集聚程度高的北中部地区的企业支付更高的利息和面临更为严重的银行信贷约束。因此，很有必要区分地理集聚程度的差异对商业信用融资出口作用的影响，以及地理集聚程度差异导致的银行信贷约束差异对商业信用融资出口作用的影响。然而，现有文献也缺乏地理集聚对企业商业信用出口作用的研究，以及缺乏分析在不同地理集聚地区，银行信贷约束对商业信用融资出口作用的影响。

总之，本书将地理集聚、商业信用与出口纳入统一的分析框架中，从行业层面与企业层面研究地理集聚的商业信用效应对出口行为的影响。在行业层面，主要分析地理集聚、行业商业信用依赖度对行业出口额与出口二元边际的影响与作用机制；在企业层面，主要研究地理集聚、行业商业信用依赖度对企业出口行为的作用，在充分考虑商业信用融资与银行信贷约束关系的前提下，分析企业异质性商业信用融资能力对出口的作用，以及这种作用在不同类型地理集聚地区的差异。对这些问题的研究不仅有助于我们深刻认识中国地区贸易不平衡的原因以及地理集聚促进出口贸易的商业信用融资机制，而且研究成果也能够补充和完善集聚与出口、融资约束与出口等相关文献的研究体系。

第3章　理论模型

3.1　融资约束企业出口决策的基本框架

Manova（2013）将融资约束与企业异质性相结合，构建了一个静态、局部均衡模型，分析了融资约束条件下企业的出口行为，从而从微观层面分析了融资约束影响出口的作用机制。基本模型如下：

3.1.1　消费者

国家 i、行业 s 的企业生产差异化单一产品，国外市场 j 的消费者的效用函数为 C-D 形式：

$$U_j = \prod_{S} c_{js}^{\theta_s} \tag{3-1}$$

在 s 部门产品上消费者效用函数具有不变替代弹性（CES），即：

$$c_{js} = \left[\int_{w \in \Omega_{js}} q_{js}(w)^{\rho} dw\right]^{\frac{1}{\rho}} \tag{3-2}$$

其中，Ω_{js} 表示可得到的产品组合，$\varepsilon = [1/(1-\rho)] > 1$ 表示产品之间的固定替代弹性。

j 国在该产品上的总消费为 Y_j，每一行业所占比例为 $\theta_s \in (0, 1)$ 且

$\sum_s \theta_s = 1$，j 国消费者对每一种类产品的需求函数为：

$$q_{js}(w) = \frac{p_{js}(w)^{-\varepsilon}\theta_s Y_j}{P_{js}^{1-\varepsilon}}，其中 P_{js} = \left[\int_{w \in \Omega_{js}} p_{js}(w)^{1-\varepsilon} dw\right]^{\frac{1}{1-\varepsilon}} \tag{3-3}$$

其中，$q_{js}(w)$表示产品 w 在 j 国的消费量，$p_{js}(w)$表示产品 w 在 j 国的销售价格，而 P_{js} 表示 j 国的价格指数。

3.1.2 国内生产者

企业的生产率水平为 $1/\alpha$，α 服从概率密度函数为 G（α）的分布，区间为［$\alpha_{L,}$ α_H］，G（α）不依赖于国家 i 与行业 s 的特征，也就是说 α 分布与国家特征和行业特征无关。

在抓取生产率之前，国家 i 与行业 s 支付沉没进入成本 $c_{is}f_{ej}$。企业根据 Ricardian 生产技术，单位产品的生产成本为 $c_{is}\alpha$，其中，c_{is} 表示国家 i 与行业 s 成本最小化的投入束。c_{is} 反映了国家行业之间的总生产率、要素价格与要素密集性的差异。

为了更好地分析融资约束对出口而不是对国内生产的影响，假定国内生产活动的融资来自经营中的现金流，也假定企业在国内市场销售没有固定成本，因此，进入行业内的所有企业都会在国内生产与销售。

3.1.3 融资约束企业出口决策

国家 i 的企业出口到国外市场 j 需要在每一阶段支付固定成本 $c_{is}f_{ij}$，其中当 $i \neq j$ 时，$f_{ij}>0$ 时；当 $i=j$ 时，$f_{ij}=0$。同时还要承担冰山贸易成本 τ_{ij}，$\tau_{ij}>1$。假设可变成本可以从内部融资中获得，但 $d_s \in (0, 1)$ 比例的固定成本必须从外部融资中得到，也就是说，地区 i 与行业 s 的生产企业必须借用 $d_s c_{is} f_{ij}$ 的资金克服出口固定成本的约束。为了得到这些资金，企业要以一部分有形资产作为抵押品，假设需要 $t_s c_{is} f_{ej}$ 的有形资产作为抵押品，$t_s \in (0.1)$。d_s 和 t_s 与行业特性有关，对外部融资依赖度越高的行业，d_s 越大，t_s 越小。

国家之间在金融合同的执行上存在差异。假定合同能够执行的概率是 λ_i，它是外生的，由国家 i 的金融制度质量来决定。如果合同能够执行，企业需要向贷款者支付 $F(\alpha)$；而当企业违约时，金融合同不能执行的概率为 $1-\lambda_i$，贷款者得到抵押品 $t_s c_{is} f_{ej}$。

国家 i 企业出口到 j 国的利润最大化函数为：

$$\max_{p,q,F(\alpha)} \pi_{ijs}(\alpha)=p_{ijs}(\alpha)q_{ijs}(\alpha)-q_{ijs}(\alpha)\tau_{ij}c_{is}\alpha-(1-d_s)c_{is}f_{ij}-\lambda_i F(\alpha)-(1-\lambda_i)t_s c_{is}f_{ei} \tag{3-4}$$

$$\text{s.t.}\begin{cases} q_{ijs}(\alpha)=\dfrac{p_{ijs}(\alpha)^{-\varepsilon}\theta_s Y_j}{P_{js}^{1-\varepsilon}} & (3\text{-}4\text{-}1)\\ A_{ijs}(\alpha)=p_{ijs}(\alpha)q_{ijs}(\alpha)-q_{ijs}(\alpha)\tau_{ij}c_{is}\alpha-(1-d_s)c_{is}f_{ij}\geqslant F(\alpha) & (3\text{-}4\text{-}2)\\ B_{ijs}(\alpha)=-d_s c_{is}f_{ij}+\lambda_i F(\alpha)+(1-\lambda_i)t_s c_{is}f_{ei}\geqslant 0 & (3\text{-}4\text{-}3)\end{cases}$$

约束式（3-4-1）是企业面临的需求函数，是没有融资约束情况下企业利润最大化面临的唯一约束条件。

约束式（3-4-2）与约束式（3-4-3）分别是两个外部融资约束条件，约束式（3-4-2）是企业需求外部信贷资金的条件；约束式（3-4-3）表明贷款者愿意提供贷款的条件。

由以上可得到融资约束条件下企业出口的临界生产率水平 $1/\alpha_{isj}^*$ 满足下式：

$$r_{ijs}(\alpha_{ijs}^*)=\left(\frac{\tau_{ij}c_{is}\alpha_{ijs}^*}{\rho P_{js}}\right)^{1-\varepsilon}\theta_s Y_j=\varepsilon\left[\left(1-d_s+\frac{d_s}{\lambda_i}\right)c_{is}f_{ij}-\frac{1-\lambda_i}{\lambda_i}t_s c_{is}f_{ei}\right] \tag{3-5}$$

只有生产率水平高于 $1/\alpha_{isj}^*$ 的企业才会出口。

3.2 地理集聚与商业信用对出口的影响

3.2.1 企业出口临界生产率水平

本部分主要在 Manova（2013）融资约束企业出口决策模型的基础上，

分析在金融市场不健全的经济体中，地理集聚与商业信用如何影响企业的出口临界生产率水平。

假定有 i 个地区 S 个行业，不考虑出口市场之间的差异（为了简化分析且不失一般性，下文中变量的下标不包含 j）。本节中消费者与国内生产者行为与 Manova（2013）相同。

在金融市场不健全的经济体中，由于信息不对称与银行信贷歧视的存在，大量企业难以从正规金融部门获得信贷融资，它们通常从供应商处获得商业信用融资（Petersen 和 Rajan，1997；石晓军和李杰，2009；Lin 和 Chou，2015；陈志红和李健，2020；毛其淋和钟一鸣，2023）。因此，为了更加地清晰说明商业信用对企业出口的作用，可以暂不考虑企业从外部正规金融部门获得融资。d_s 比例的出口固定成本的支付全部来自于商业信用融资。

为了得到 $d_s c_{is} f_i$ 商业信用融资，生产企业和其供应商通常需要签订商业信用合同。不同于银行贷款，商业信用融资不需要实体财产作抵押担保品。假设合同规定到期生产企业需向供应商支付货款 $M(\alpha)$。如果到期生产企业未支付，生产企业将获得 $M(\alpha)-t_s$，其中 t_s 是由其低信用导致供应商不再为其提供商业信用所造成的损失，$t_s>0$。与 d_s 相同，t_s 也由行业的商业信用依赖度决定。但两者不同的是，在商业信用依赖度越高的行业，企业之间交易越频繁，违约可能性越低，t_s 越小。而在商业信用依赖度越高的行业，生产企业使用的商业信用融资规模越大，d_s 越大。

由于在地理集聚程度较高的地区，生产企业与供应商之间距离的邻近不仅降低了它们之间的交易与监督费用，而且增强了声誉机制的扩散，企业违约成本较高，生产企业偿还商业信用的概率较大，即 λ_i 较大，即地理集聚程度越高，λ_i 越大。所以，商业信用合同的执行概率 λ_i 是由地理集聚程度决定的，并且随着地理集聚程度的提升而增大，即 $\lambda'_i(A_i)>0$，A_i 为地理集聚程度。

如果商业信用合同顺利执行，供应商可以得到的货款为 $\lambda_i(A_i)M(\alpha)$；如果违约，供应商的损失共为 $[1-\lambda_i(A_i)][M(\alpha)-t_s]$，在这里，$t_s$

可以理解为供应商识别生产企业的低信用后避免再次为其提供商业信用所造成的损失。

则 i 地区 S 行业内企业出口到 j 国的利润最大化函数为：

$$\max_{p,q,M(\alpha)} \pi_{is}(\alpha)=p_{is}(\alpha)q_{is}(\alpha)-q_{is}(\alpha)\tau_i c_{is}\alpha-(1-d_s)c_{is}f_i-\lambda_i(A_i)M(\alpha)+[1-\lambda_i(A_i)][M(\alpha)-t_s] \quad (3-6)$$

$$\text{s. t.}\begin{cases} q_{ijs}(\alpha)=\dfrac{p_{ijs}(\alpha)^{-\varepsilon}\theta_s Y_j}{P_{js}^{1-\varepsilon}} & (3-6-1)\\ J_{is}(\alpha)=p_{is}(\alpha)q_{is}(\alpha)-q_{is}(\alpha)\tau_i c_{is}\alpha-(1-d_s)c_{is}f_i\geqslant M(\alpha) & (3-6-2)\\ K_{is}(\alpha)=-d_s c_{is}f_i+\lambda_i(A_i)M(\alpha)-[1-\lambda_i(A_i)][M(\alpha)-t_s]\geqslant 0 & (3-6-3)\end{cases}$$

约束式（3-6-1）是企业面临的需求函数约束，含义与式（3-4）中的约束式（3-4-1）的含义相同，是企业没有融资约束情况下利润最大化的约束条件。

约束式（3-6-2）表明企业愿意接受供应商提供的商业信用的条件；约束式（3-6-3）表明供应商愿意提供商业信用的条件。

在完备的金融市场中以及在企业不存在信贷约束的情况下，与 Melitz（2003）的结果相同，出口企业的最优出口价格和数量分别为：

$$p_{is}(\alpha)=\frac{\tau_i c_{is}\alpha}{\rho},\ q_{is}(\alpha)=\left(\frac{\tau_i c_{is}\alpha}{\rho}\right)^{-\varepsilon}\frac{\theta_s Y}{P_s^{1-\varepsilon}} \quad (3-7)$$

在竞争性的商业信用市场上，供应商的期望利润为零，生产者调整 $M(\alpha)$ 使得约束式 $K_{ijs}(\alpha)=0$。此时，

$$M(\alpha)=\frac{d_s c_{is}f_i-[1-\lambda_i(A_i)]t_s}{2\lambda_i(A_i)-1} \quad (3-8)$$

由式（3-8）可看出，当 $d_s c_{is}f_i>[1-\lambda_i(A_i)]t_s$（生产者获得的商业信用融资水平大于其违约时损失）时，$0.5<\lambda_i(A_i)\leqslant 1$。也就是说，只有预期到商业信用合同实施的概率大于 0.5 时，供应商才愿意提供商业信用。

将 $K_{ijs}(\alpha)=0$ 和出口企业的最优出口价格和数量（式（3-7））代入 $J_{is}(\alpha)$ 式中，可得到企业出口的临界生产率水平 $1/\alpha_{is}^*$ 满足式（3-9）。

$$r_{is}(\alpha_{is}^*)=\left(\frac{\tau_i c_{is}\alpha_{is}^*}{\rho P_s}\right)^{1-\varepsilon}\theta_s Y=\varepsilon\left\{\left[1-d_s+\frac{d_s}{2\lambda_i(A_i)-1}\right]c_{is}f_i-\frac{1-\lambda_i(A_i)}{2\lambda_i(A_i)-1}t_s\right\} \tag{3-9}$$

式（3-9）表明，只有生产率水平高于 $1/\alpha_{is}^*$ 的企业才能获得足够的商业信用融资克服出口固定成本约束，从而参与国外市场并盈利。

设 $W=\left[1-d_s+\frac{d_s}{2\lambda_i(A_i)-1}\right]c_{is}f_i-\frac{1-\lambda_i(A_i)}{2\lambda_i(A_i)-1}t_s$

$$\frac{\partial W}{\partial A_i}=-\lambda'_i(A_i)\frac{(2d_s c_{is}f_i-t_s)}{[2\lambda_i(A_i)-1]^2}<0 \tag{3-10}$$

$$\frac{\partial^2 W}{\partial A_i\partial d_s}=-2\lambda'_i(A_i)[2\lambda_i(A_i)-1]^{-2}c_{is}f_i<0 \tag{3-11}$$

$$\frac{\partial^2 W}{\partial A_i\partial t_s}=\lambda'_i(A_i)[2\lambda_i(A_i)-1]^{-2}>0 \tag{3-12}$$

因为 $r_{is}(\alpha_{is}^*)$ 对 $1/\alpha_{is}^*$ 是严格递增的，所以

$$\frac{\partial(1/\alpha_{is}^*)}{\partial A_i}<0 \tag{3-13}$$

$$\frac{\partial^2(1/\alpha_{is}^*)}{\partial A_i\partial d_s}<0 \tag{3-14}$$

$$\frac{\partial^2(1/\alpha_{is}^*)}{\partial A_i\partial t_s}>0 \tag{3-15}$$

3.2.2 行业出口额与二元边际

本部分借鉴 Lawless（2010）的研究，只有生产率水平高于出口临界值的企业才会出口，则地区 i 行业 S 向国外市场的出口总额就是所有出口企业在国外市场上的销量总和：

$$R_{is}=\int_{1/\alpha_{is}^*}^{+\infty}r_{is}(1/\alpha)G(1/\alpha)d(1/\alpha) \tag{3-16}$$

假设不同企业的随机生产率服从尺度参数为 γ 的帕累托分布（Chaney，2008；Lawless，2010），概率密度函数为 $G(\alpha)=\gamma(\alpha)^{-\gamma-1}$。

此时，

$$\frac{\partial R_{is}}{\partial A_i}=-\left(\frac{\tau_i c_{is}}{\rho P_s}\right)^{1-\varepsilon}\theta_s Y\gamma(1/\alpha_{is}^*)^{-\varepsilon-\gamma}\frac{\partial(1/\alpha_{is}^*)}{\partial A_i} \tag{3-17}$$

由于$\frac{\partial(1/\alpha_{is}^*)}{\partial A_i}<0$，所以，

$$\frac{\partial R_{is}}{\partial A_i}>0 \tag{3-18}$$

进而得到，

$$\frac{\partial^2 R_{is}}{\partial A_i \partial d_s}>0 \tag{3-19}$$

$$\frac{\partial^2 R_{is}}{\partial A_i \partial t_s}<0 \tag{3-20}$$

由式（3-18）至式（3-20）可得出：

假设 1：地理集聚程度的提高促进了行业出口额的增加$\left(\frac{\partial R_{is}}{\partial A_i}>0\right)$，并且这种正向促进作用随着行业商业信用依赖度的提升而增大$\left(\frac{\partial^2 R_{is}}{\partial A_i \partial d_s}>0,\ \frac{\partial^2 R_{is}}{\partial A_i \partial t_s}<0\right)$。

高于临界生产率水平出口的企业数目即扩展边际为：

$$N_{is}=\int_{1/\alpha_{is}^*}^{\infty}G(1/a)d(1/a) \tag{3-21}$$

单位企业的平均出口额即集约边际为：

$$\frac{R_{is}}{N_{is}}=\frac{\int_{1/\alpha_{is}^*}^{+\infty}r_{is}(1/\alpha)G(1/\alpha)d(1/\alpha)}{\int_{1/\alpha_{is}^*}^{\infty}G(1/a)d(1/a)} \tag{3-22}$$

下文分析地理集聚对商业信用依赖型行业出口二元边际的影响。

对扩展边际的影响：

$$\frac{\partial N_{is}}{\partial A_i}=-G(1/\alpha_{is}^*)\frac{\partial(1/\alpha_{is}^*)}{\partial A_i}=-\gamma\left(\frac{1}{\alpha_{is}^*}\right)^{-(\gamma+1)}\frac{\partial(1/\alpha_{is}^*)}{\partial A_i}>0 \tag{3-23}$$

$$\frac{\partial^2 N_{is}}{\partial A_i \partial d_s} = \gamma(\gamma+1)\left(\frac{1}{\alpha_{is}^*}\right)^{-\gamma-2}\frac{\partial(1/\alpha_{is}^*)}{\partial ds}\frac{\partial(1/\alpha_{is}^*)}{\partial A_i} - \gamma\left(\frac{1}{\alpha_{is}^*}\right)^{-(\gamma+1)}\frac{\partial^2(1/\alpha_{is}^*)}{\partial A_i \partial d_s} > 0 \quad (3-24)$$

$$\frac{\partial^2 N_{is}}{\partial A_i \partial t_s} = \gamma(\gamma+1)\left(\frac{1}{\alpha_{is}^*}\right)^{-\gamma-2}\frac{\partial(1/\alpha_{is}^*)}{\partial t_s}\frac{\partial(1/\alpha_{is}^*)}{\partial A_i} - \gamma\left(\frac{1}{\alpha_{is}^*}\right)^{-(\gamma+1)}\frac{\partial^2(1/\alpha_{is}^*)}{\partial A_i \partial t_s} < 0 \quad (3-25)$$

式（3-23）至式（3-25）表明，地理集聚程度的提高促进了出口扩展边际，并且这种促进作用随着行业商业信用依赖度的提升而增大。

从理论上分析，地理集聚程度的提高，降低了企业的出口生产率临界值水平，并且商业信用依赖度越高的行业内企业出口临界值水平会降低更多，更多的较低生产率的企业能够进入国外市场，整个行业内出口企业的数目增多。

对集约边际的影响：

$$\frac{\partial \frac{R_{is}}{N_{is}}}{\partial A_i} = \frac{\partial(R_{is})/\partial A_i \times N_{is} - R_{is} \times \partial N_{is}/\partial A_i}{N_{is}^2} = \left(\frac{\tau_i c_{is}}{\rho P_s}\right)^{1-\varepsilon}\theta_s Y\gamma(1/\alpha_{is}^*)^{-\varepsilon}\frac{\partial(1/\alpha_{is}^*)}{\partial A_i}\left[\frac{\gamma^2}{\gamma+\varepsilon-1} - 1\right] \quad (3-26)$$

其中，γ 的大小取决于帕累托函数的形式，如果高生产率水平的分布下降很快，γ 就很大，否则 γ 很小，与 ε 的关系难以确定，所以式（3-26）的符号也难以确定。

但从理论上分析，由于企业出口的固定成本远远大于可变贸易成本，对于出口企业来说，商业信用融资主要用于支付固定成本，用到可变贸易成本上的商业信用融资较少，导致对企业出口可能性的影响较大，对单位企业出口额的影响较小。

综上分析可得出：

假设 2：地理集聚程度的提高促进了出口扩展边际，并且这种促进作用随着行业商业信用依赖度的提升而增大，地理集聚对出口集约边际的影响较小。

3.2.3 企业出口行为

进一步考察式（3-13）至式（3-15）。

式（3-13）表明，在其他变量不变的情况下，在地理集聚程度越高的地区，企业出口生产率的临界值越低。这是因为在地理集聚程度较高的地区，由于商业信用合同顺利执行的可能性较高，供应商更愿意提供可以延期支付的货款，从而有更多较低生产率的企业能够获得商业信用融资，能够克服出口固定成本的约束而进入国外市场，从而导致了该地区内企业出口临界值的降低。

式（3-13）还说明在地理集聚越高的地区，由于出口临界值的下降更多，有更多企业的生产率水平会超过此临界值，企业出口的可能性较高。也就是说，在地理集聚程度低的地区，由于出口生产率临界值较高，需要更高生产率的企业才能出口；相反，在地理集聚程度高的地区，较低生产率的企业也能够出口。由此得出：

假设 3：随着地理集聚程度的提高，企业出口的可能性更大，但在地理集聚程度低的地区，更高生产率的企业才能出口。

式（3-14）和式（3-15）表明，在地理集聚程度高的地区商业信用依赖度高的行业有更低的出口生产率临界值。因为商业信用依赖度越高的行业内企业对商业信用的变动数量越敏感。在地理集聚程度高的地区，相对商业信用依赖度低的行业，商业信用融资依赖度高的行业内企业更容易获得较多的商业信用融资，从而导致更多较低生产率的企业参与出口。

进一步分析，随着地理集聚程度的提高，相对商业信用依赖度低的行业，商业信用依赖度高的行业出口生产率门槛会进一步降低，这些行业内的企业出口的可能性会增大。由此得出：

假设 4：随着地理集聚程度的提高，商业信用依赖度高的行业内企业更容易参与出口。

如果企业需要的商业信用融资既用于出口固定成本，也用于出口可变成本，那么，由地理集聚程度提高带来的商业信用融资水平的变化也会对企业出口额产生影响。

由于通常企业出口的固定成本远远大于可变贸易成本，商业信用融资用于固定成本的比例也会远远高于可变成本，假设有 βd_s 比例的可变成本需要商业信用融资，其中 $0<\beta<1$。此时，企业出口的利润最大化方程及其约束条件变为：

$$\max_{p,q,M(\alpha)} \pi_{is}(\alpha)=p_{is}(\alpha)q_{is}(\alpha)-(1-\beta d_s)q_{is}(\alpha)\tau_i c_{is}\alpha-(1-d_s)c_{is}f_i-\lambda_i(A_i)M(\alpha)-[1-\lambda_i(A_i)][M(\alpha)-t_s] \tag{3-27}$$

$$\text{s. t.}\begin{cases} q_{is}(\varepsilon)=\dfrac{p_{is}(\alpha)^{-\varepsilon}\theta_s Y}{P_s^{1-\varepsilon}} & (3\text{-}27\text{-}1)\\ J_{is}(\alpha)=p_{is}(\alpha)q_{is}(\alpha)-(1-\beta d_s)q_{is}(\alpha)\tau_i c_{is}\alpha-(1-d_s)c_{is}f\geqslant M(\alpha) & (3\text{-}27\text{-}2)\\ K_{is}(\alpha)=-\beta d_s q_{is}(\alpha)\tau_i c_{is}\alpha-d_s c_{is}f_i+\lambda_i(A_i)M(\alpha)-[1-\lambda_i(A_i)][M(\alpha)-t_s]\geqslant 0 & (3\text{-}27\text{-}3)\end{cases}$$

满足式（3-27）的临界生产率水平为 $1/\alpha_{is}^H$ 为：

$$\left[1-(1-\beta d_s)\rho-\frac{\beta d_s\rho}{2\lambda_i(A_i)-1}\right]\left(\frac{\tau_i c_{is}\alpha_{is}^H}{\rho P_s}\right)^{1-\varepsilon}\theta_s Y=\left[1-d_s+\frac{d_s}{2\lambda_i(A_i)-1}\right]c_{is}f_i-\frac{1-\lambda_i(A_i)}{2\lambda_i(A_i)-1}t_s \tag{3-28}$$

由式（3-28）可得：

$$\frac{\partial(1/\alpha_{is}^H)}{\partial A_i}<0 \tag{3-29}$$

$$\frac{\partial^2(1/\alpha_{is}^H)}{\partial A_i\partial d_s}<0 \tag{3-30}$$

$$\frac{\partial^2(1/\alpha_{is}^H)}{\partial A_i\partial t_s}>0 \tag{3-31}$$

式（3-28）至式（3-31）与在商业信用融资只用于出口固定成本假设下相同（见式（3-13）至式（3-15）），不影响前述假设1至假设4。

当生产率高于 $1/\alpha_{is}^{H}$ 时，企业能够获得足够的收益支付供应商货款 $M(\alpha)$，实现无融资约束条件下最优的出口额，因此，企业出口额并不会受到地理集聚程度与行业商业信用依赖度的影响。

但是，如果生产率水平低于 $1/\alpha_{is}^{H}$，企业出口数量想要达到最优水平，需要更多的商业信用融资才能支付更高的可变贸易成本。由于低生产率的企业难以获得足够的收益来支付供应商的货款 $M(\alpha)$，只能减少出口量以便能够偿还较低的 $M(\alpha)$（因为 $M(\alpha)$ 与出口量 $q_{is}(\alpha)$ 成正比）。在保证供应商期望利润为零的前提下，受约束的企业通常会在较高的价格上减小产量。此时，满足式（3-27）解的价格方程为：

$$\frac{p_{is}(\alpha)^{1-\varepsilon}\theta_s Y}{P_s^{1-\varepsilon}}-\frac{p_{is}(\alpha)^{-\varepsilon}\theta_s Y}{P_s^{1-\varepsilon}}\tau_i c_{is}\alpha\left[\frac{\beta d_s}{2\lambda_i(A_i)-1}+(1-\beta d_s)\right]$$
$$=\left[1-d_s+\frac{d_s}{2\lambda_i(A_i)-1}\right]c_{is}f_i-\frac{1-\lambda_i(A_i)}{2\lambda_i(A_i)-1}t_s \qquad (3-32)$$

设方程（3-31）左端为LHS，因为：

$$\frac{\partial LHS}{\partial p_{is}}=\frac{p_{is}(\alpha)^{-1-\varepsilon}\theta_s Y}{P_s^{1-\varepsilon}}\left\{(1-\varepsilon)p_{is}(\alpha)+\varepsilon\left[\frac{\beta d_s\tau_i c_{is}\alpha}{2\lambda_i(A_i)-1}+(1-\beta d_s)\right]\tau_i c_{is}\alpha\right\}>0 \qquad (3-33)$$

当 $p_{is}(\alpha)=\left[\frac{\beta d_s}{2\lambda_i(A_i)-1}+1-\beta d_s\right]\frac{\tau_i c_{is}\alpha}{\rho}$ 时，LHS有最大值，此时，企业不再提高产品价格降低销售量。将最大价格 $p_{is}(\alpha)$ 代入式（3-32）中，可得出最低的出口临界值为 $1/\alpha_{is}^{L}$，满足式（3-34）。

$$\left[1-\beta d_s-\frac{\beta d_s}{2\lambda_i(A_i)-1}\right]^{1-\varepsilon}\left(\frac{\tau_i c_{is}\alpha_{is}^{L}}{\rho P_s}\right)^{1-\varepsilon}\theta_s Y$$
$$=\varepsilon\left[1-d_s+\frac{d_s}{2\lambda_i(A_i)-1}\right]c_{is}f_i-\frac{1-\lambda_i(A_i)}{2\lambda_i(A_i)-1}t_s \qquad (3-34)$$

说明当企业生产率低于 $1/\alpha_{is}^{L}$ 时，企业不会出口，但当生产率位于

$[1/\alpha_{is}^L, 1/\alpha_{is}^H)$ 时，企业出口额低于无融资约束下的出口额，并且随着产品价格的提高而减少。此时，产品价格随地理集聚程度、行业商业信用依赖度的变化情况可由方程（3-32）得到：

$$\frac{\partial p_{is}}{\partial t_s}<0,\ \frac{\partial^2 p_{is}}{\partial t_s \partial A_i}>0,\ \frac{\partial p_{is}}{\partial d_s}>0,\ \frac{\partial p_{is}}{\partial A_i}<0,\ \frac{\partial^2 p_{is}}{\partial d_s \partial A_i}<0 \tag{3-35}$$

由于出口量与出口额随着价格的增加而减少，所以得出：

$$\frac{\partial r_{is}}{\partial t_s}>0,\ \frac{\partial^2 r_{is}}{\partial t_s \partial A_i}<0,\ \frac{\partial r_{is}}{\partial d_s}<0,\ \frac{\partial r_{is}}{\partial A_i}>0,\ \frac{\partial^2 r_{is}}{\partial t_s \partial A_i}>0 \tag{3-36}$$

式（3-36）表明，随着地理集聚程度的提高，商业信用依赖度高的行业内，处于生产率区间 $1/\alpha_{is}^L \in [1/\alpha_{is}^L, 1/\alpha_{is}^H)$ 的企业出口额增加。这是因为，随着地理集聚程度的提高，相对于其他行业，商业信用依赖度高的行业内企业可以得到更多的商业信用融资，在出口固定成本不变的情况下，这些行业内的低生产率企业可以有更大比例的商业信用支付出口可变成本，从而导致出口额的增大。由此得到：

假设5：随着地理集聚程度的提高，商业信用依赖度高的行业内高生产率企业的出口额不会有显著的变化，但低生产率企业的出口额将会增加。

3.3 本章小结

本章主要借鉴 Manova（2013）的研究，即在考虑企业融资约束的异质性企业理论基础上，构建金融市场不健全经济体中地理集聚与商业信用影响融资约束企业出口行为模型，分析地理集聚影响商业信用依赖型行业内企业的出口行为及其具体的作用机制。然后借鉴 Lawless（2010）的研究，深入分解行业出口的扩展边际和集约边际，并在理论上分析地理集聚对行业出口额与二元边际的影响，提出宏观层面地理集聚对行业出口作用的两个基本假设。然后根据模型推导的结果，进一步提出微观层面地理集聚与商业信用对企业出口行为影响的三个假设，从而为第4章与第5章的实证研究提供理论基础。

第4章 地理集聚、商业信用与出口：城市行业层面实证研究

本章主要利用2004~2007年中国工业企业数据库与相应年份《中国城市统计年鉴》的城市宏观经济数据①，借鉴Lawless（2010）对出口二元边际的分解方法，对中国城市制造业内各行业的出口增长分解为扩展边际（出口企业数量）与集约边际（单位企业的平均出口额），描述中国各地区行业出口额随商业信用依赖度的变化，并进一步运用计量方程考察地理集聚、商业信用依赖度与出口额和二元边际的关系，从而对第3章提出的研究假设1与假设2进行实证检验。

4.1 估计方程式与变量

为了验证假设1，需要在设定的估计方程式中引入商业信用依赖度、地区地理集聚程度及两者的交叉乘积项，同时还要控制影响行业出口额的

① “入世”初期，我国制造业蓬勃发展且呈现出显著的地理集聚区域差异特征，为了实证本书提出的理论假设，选择“入世”初期数据作为分析对象更能反映出研究的特点。由于中国工业企业数据在2004年才开始提供应付账款的数据，再加上排除2008年金融危机对制造业企业出口的影响，所以本书的实证研究部分选择了2004~2007年中国工业企业数据作为分析对象。

其他行业特征与地区特征变量。此外，为了减弱异方差性，对数值较大的变量，使用其对数形式设定基本方程：

$$\begin{aligned}lnexport_{ist}=&\beta_0+\beta_1ln(agglom_{it})+\beta_2credit_{ist}+\beta_3credit_{ist}\times ln(agglom_{it})+\\&\beta_4ln(GDPPC_{it})+\beta_5lnFD_{it}+\gamma_{is}+\varphi_t+\varepsilon_{ist}\end{aligned}\quad(4-1)$$

其中，i、s、t 分别表示城市、行业、年份；γ_{is} 表示城市—行业固定效应，控制不随时间推移变化的城市—行业的固有特征，如在某一城市中特定行业的技术水平、契约密集度（王永进等，2009）、金融依赖度（Rajan 和 Zingales，1998；Beck，2003；毛其淋和钟一鸣，2023）等，同时，也控制了所在城市的地理区位，如所在城市到沿海港口的距离等；φ_t 表示时间效应，在回归中通过引入年份虚拟变量来控制随时间推移变化的宏观环境因素对行业出口的影响；ε_{ist} 表示随机扰动项。

被解释变量 $lnexport_{ist}$ 表示在第 t 年城市 i 行业 s 的出口额的自然对数。根据第 3 章二元边际的理论模型，总出口额可以分解为出口企业的数量（扩展边际）与单位企业的平均出口额（集约边际）。

出口额的对数 $lnexport_{ist}$ 可以表示为：$lnexport_{ist}=lnnumber_{ist}+ln(aver_{ist})$，其中 $aver_{ist}=export_{ist}/number_{ist}$。因此，当式（4-1）的被解释变量变为 $lnnumber_{ist}$ 与 $ln(aver_{ist})$时，分别对应的是出口扩展边际与集约边际的估计方程。

扩展边际估计方程为：

$$\begin{aligned}lnnumber_{ist}=&\beta_0+\beta_1ln(agglom_{it})+\beta_2credit_{ist}+\beta_3credit_{ist}\times ln(agglom_{it})+\\&\beta_4ln(GDPPC_{it})+\beta_5lnFD_{it}+\gamma_{is}+\varphi_t+\varepsilon_{ist}\end{aligned}\quad(4-2)$$

集约边际估计方程为：

$$\begin{aligned}lnaver_{ist}=&\beta_0+\beta_1ln(agglom_{it})+\beta_2credit_{ist}+\beta_3credit_{ist}\times ln(agglom_{it})+\\&\beta_4ln(GDPPC_{it})+\beta_5lnFD_{it}+\gamma_{is}+\varphi_t+\varepsilon_{ist}\end{aligned}\quad(4-3)$$

解释变量 $credit_{ist}$ 表示 i 地区 s 行业在 t 年的商业信用依赖度。本章主要借鉴 Fisman 和 Love（2003）的方法：选取每个行业中企业的应付账款/总资产的中位数作为行业商业信用依赖度。本章还应用了 Fisman 和 Love 给出的应付账款/总负债指标 $credit\_d_{ist}$，也是由企业水平的行业中位数度量其大小。两个度量指标均表明，数值越大，行业商业信用依赖度越高。

解释变量 $agglom_{it}$ 表示 i 城市在第 t 年的地理集聚程度。由于考虑到地理集聚产生的商业信用效应是基于一定地区内企业之间的作用，地区的地理面积影响企业之间的距离和交易成本的大小，进而影响到商业信用效应的发挥，因此，本章采用地理面积的就业密度指标来衡量地理集聚程度，主要用一个地区内的非农就业人员密度进行命题验证（Ciccone 和 Hall，1996；王永进等，2009），用第二产业就业密度 $agglom\_s_{it}$ 进行稳健性检验（Sun 等，2012）。

大量研究表明，金融发展也是影响出口二元边际的重要因素，并且还可能影响地理集聚程度，为了控制金融发展对出口二元边际的作用，以及减轻模型的内生性程度，需要在方程式中加入地区金融发展程度变量（FD_{it}），用年末金融机构贷款余额在 GDP 中所占比重衡量。另外，本文还在加入人均 GDP 变量 $GDPPC_{it}$，用于控制不同地区经济发展水平对出口的影响。

4.2 数据来源与变量的描述统计

4.2.1 数据来源

本章数据来源于中国工业企业数据库与《中国城市统计年鉴》。由于 2004 年后，工业企业数据库才有应付账款的统计数据，才能计算出各行业的商业信用依赖度，所以，选用 2004~2007 年工业企业数据库。城市层面的数据选自 2005~2008 年的《中国城市统计年鉴》。

本书中的城市包括 4 个直辖市在内的 286 个地级城市（不包括拉萨市）。《中国城市统计年鉴》分别给出了“全市”和“市辖区”的各项统计指标。为了反映一个城市的集聚功能，选用“市辖区”对应的各项统计指标（Sun 等，2012），如书中用到的非农就业人口数、第二产业就业人数、面积、年末金融机构贷款、GDP、人均 GDP 等均是“市辖区”水平上的统计指标。

中国工业企业数据库来源于国家统计局对规模以上企业的年度调查。制造业中的全部国有企业、年销售额在 500 万元以上的非国有企业都被收进这个数据库。由于数据统计过程中可能出现重复、遗漏、统计单位不一致等错误，从而使其中一些样本可能存在误导性。因此，为了保证数据的准确性与实证结果的有效性，借鉴谢千里等（2008）、Feenstra 等（2014）的研究，遵循一般公认会计准则，剔除发生以下情况的企业样本：流动资产、固定资产与固定资产净值超过总资产的企业；应付账款为负值的样本；没有识别编号的企业；成立时间无效的企业（如成立时间在 2007 年之后）；雇员人数在 10 人以下的企业。

本书中两位码行业层面的数据主要由中国工业企业数据库整理计算得到。如将中国工业企业数据库中企业层面的出口交货值、出口企业数量等数据加总到各城市各行业层面，得到分城市分行业的出口值、出口企业数量数据。主要借鉴 Fisman 和 Love（2003）的方法，由中国工业企业数据库计算得到分城市分行业的商业信用依赖度。即取每个城市每个行业中所有企业的应付账款/总资产的中位数作为行业商业信用依赖度的大小，数值越大，表明行业的商业信用依赖度越高。

4.2.2 主要变量的描述统计分析

本章主要变量的基本描述统计如表 4-1 所示，汇报了主要变量的样本观测值（N）、样本均值（Mean）、样本标准差（Sd）、样本的最小值（Min）、样本的中位数（P50）和样本的最大值（Max）。

表 4-1 变量的描述统计

变量	N	Mean	Sd	Min	P50	Max
lnagglom	16069	3.358	1.027	-0.637	3.385	6.067

续表

变量	N	Mean	Sd	Min	P50	Max
lnagglo_s	16069	0. 246	1. 127	-3. 858	0. 298	2. 815
credit	16069	0. 097	0. 076	0. 000	0. 083	0. 957
credit_d	16069	0. 204	0. 145	0. 000	0. 180	1. 000
lnexport	16069	11. 39	2. 453	0. 000	11. 460	19. 87
lnnumber	16069	3. 026	1. 394	0. 000	2. 996	7. 766
lnaver	16069	8. 369	1. 930	-3. 726	8. 632	14. 56
lnGDPPC	16069	9. 719	0. 666	7. 662	9. 650	11. 50
lnFD	16069	-0. 374	0. 464	-2. 336	-0. 480	1. 154

4.3　中国各地区行业出口额与商业信用依赖度的关系

将中国 286 个地级城市按照地理集聚程度的高低进行划分：将集聚水平位于低分位数（25%）之下的城市称为低地理集聚城市，位于高分位数（75%）之上的城市为高地理集聚城市，位于低分位数与高分位数之间的城市为中地理集聚城市。

为了对比高低地理集聚城市之间出口情况，图 4-1 至图 4-8 分别给出了 2004～2007 年低地理集聚城市与高地理集聚城市不同商业信用依赖度行业出口对数值的变化趋势。很明显，地理集聚程度显著提高了行业的平均出口额，尤其对商业信用依赖度较高的行业（如商业信用依赖度在 0. 2 以上）更为明显；对相同商业信用依赖度的行业来说，在高地理集聚城市中的行业出口额更大。

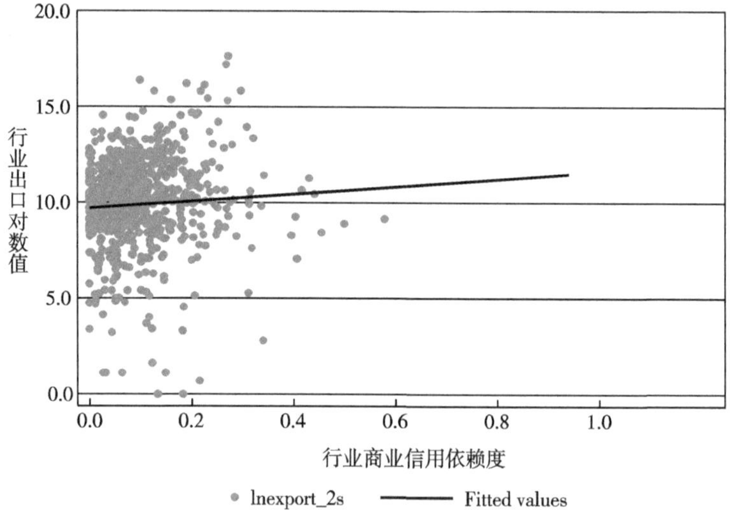

图 4-1 2004 年低地理集聚城市行业出口对数值与商业信用依赖度的关系

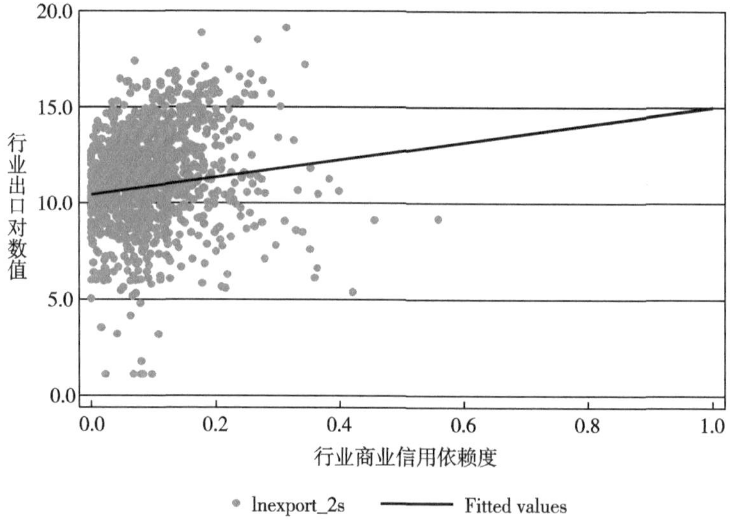

图 4-2 2004 年高地理集聚城市行业出口对数值与商业信用依赖度的关系

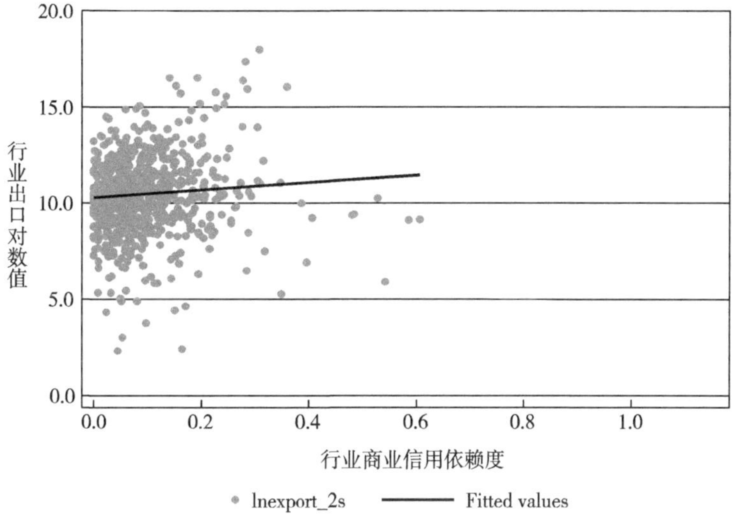

图 4-3　2005 年低地理集聚城市行业出口对数值与商业信用依赖度的关系

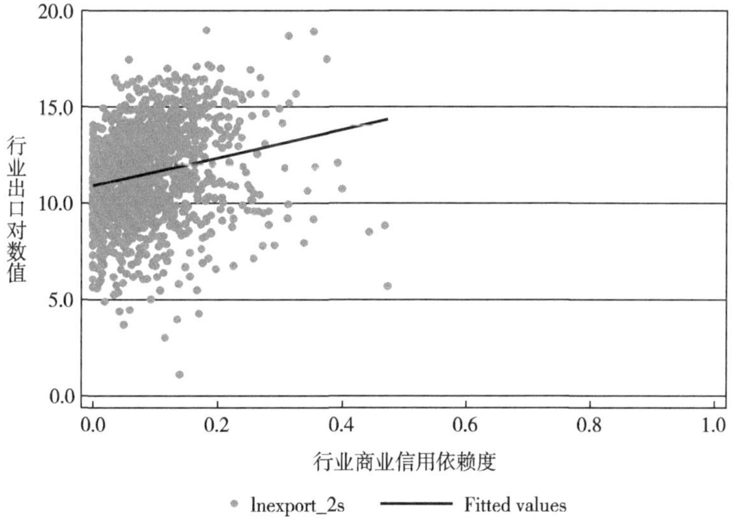

图 4-4　2005 年高地理集聚城市行业出口对数值与商业信用依赖度的关系

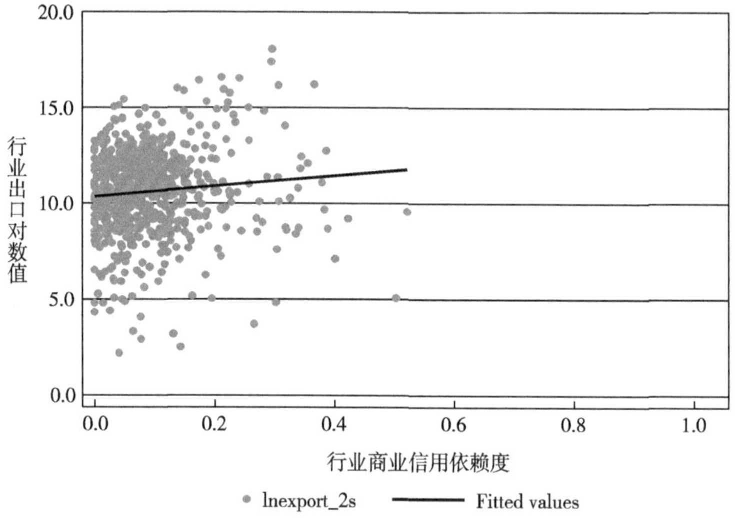

图 4-5　2006 年低地理集聚城市行业出口对数值与商业信用依赖度的关系

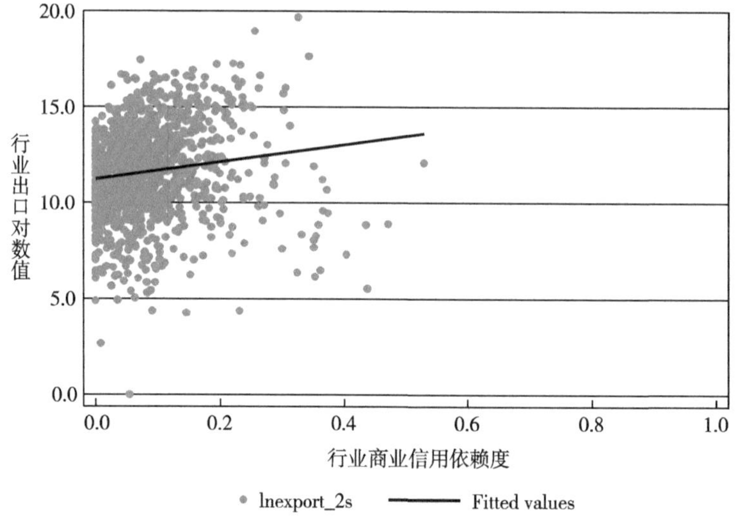

图 4-6　2006 年高地理集聚城市行业出口对数值与商业信用依赖度的关系

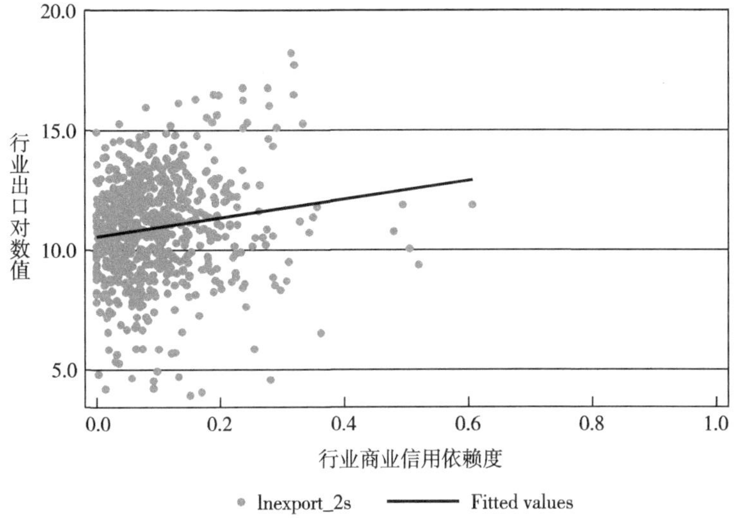

图 4-7 2007 年低地理集聚城市行业出口对数值与商业信用依赖度的关系

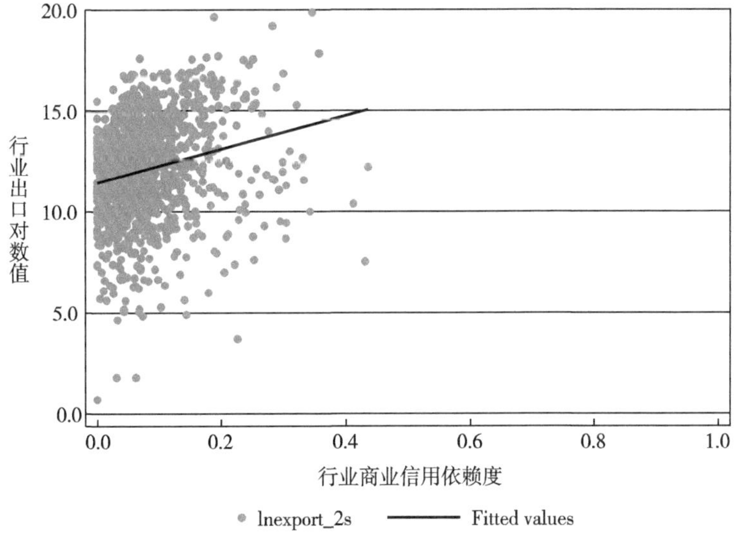

图 4-8 2007 年高地理集聚城市行业出口对数值与商业信用依赖度的关系

4.4 实证检验与结果分析

4.4.1 地理集聚、商业信用依赖度与出口额

4.4.1.1 OLS 与 FE 的估计

应用2004~2007年城市—行业层面的数据验证假设1的合理性，分别采用OLS与FE两种方法估计方程（4-1）。

表4-2中（1）列与（2）列分别给出了方程（4-1）的全样本OLS与FE估计结果。在这两列中，地理集聚与商业信用依赖度的交互项系数在5%的显著性水平上显著为正，说明了随着地理集聚程度的提高，商业信用依赖度越高的行业具有更大的出口额。

表4-2 地理集聚、商业信用依赖度与出口额

	(1)	(2)	(3)	(4)	(5)	(6)	(7)	(8)
	全样本		地理集聚：第二产业就业密度		商业信用依赖度：应付账款/总负债		Winsor处理样本	
	OLS	FE	OLS	FE	OLS	FE	OLS	FE
lnagglom	-0.046	-0.022	-0.061	-0.016	-0.058	-0.037	-0.050	-0.025
	(-0.56)	(-0.54)	(-0.81)	(-0.42)	(-0.70)	(-0.89)	(-0.59)	(-0.60)
lnagglom×credit	0.527**	0.407**	0.699***	0.367**	0.295***	0.246***	0.526**	0.412**
	(2.48)	(2.48)	(3.69)	(2.48)	(2.80)	(3.18)	(2.47)	(2.50)
credit	-0.910	-1.173**	3.952***	1.801**	-0.317	-0.639**	-0.907	-1.188**
	(-1.27)	(-2.17)	(4.44)	(2.55)	(-0.87)	(-2.41)	(-1.26)	(-2.18)
lnFD	0.034	0.044	0.035	0.044	0.055	0.056	0.034	0.045
	(0.20)	(0.55)	(0.20)	(0.54)	(0.32)	(0.70)	(0.20)	(0.55)
lnGDPPC	0.432**	0.186*	0.432**	0.184*	0.426**	0.185*	0.431**	0.185*
	(2.11)	(1.92)	(2.11)	(1.91)	(2.08)	(1.91)	(2.11)	(1.92)

续表

	(1)	(2)	(3)	(4)	(5)	(6)	(7)	(8)
	全样本		地理集聚：第二产业就业密度		商业信用依赖度：应付账款/总负债		Winsor 处理样本	
	OLS	FE	OLS	FE	OLS	FE	OLS	FE
城市固定效应	是	否	是	否	是	否	是	否
行业固定效应	是	否	是	否	是	否	是	否
时间固定效应	是	是	是	是	是	是	是	是
城市—行业固定效应	否	是	否	是	否	是	否	是
N	16105	16105	16105	16105	16101	16101	16105	16105
R^2	0.457	0.094	0.457	0.094	0.457	0.095	0.457	0.094

注：*、** 和 *** 分别表示在 10%、5%和 1%水平上显著；括号内是系数的 t 检验值。

另外，从方程（4-1）中地理集聚系数、地理集聚与商业信用依赖度的交互项系数来看，地理集聚对出口额的影响为：

$\partial \ln export_{ist} / \partial \ln(agglom_{it}) = \hat{\beta}_1 + \hat{\beta}_3 credit_{ist}$

由于地理集聚系数并不显著，即 $\hat{\beta}_1$ 与 0 没有显著差异，所以，

$\partial \ln export_{ist} / \partial \ln(agglom_{it}) \approx \beta_3 credit_{ist}$

因为行业商业信用依赖度 $credit_{ist}$ 大于 0，$\hat{\beta}_3>0$，所以，$\partial \ln export_{ist}/\partial \ln(agglom_{it})$ 必定大于 0，即地理集聚程度的提高促进了行业出口额的增加，并且随着行业商业信用依赖度的提高而增大。

为了更清晰直观地反映地理集聚对行业出口额的正向作用，以及这种作用随行业商业信用依赖度的变化情况，本书进一步给出了 lnagglom 对 lnexport 的边际影响随行业商业信用依赖度变化的图形，如图 4-9 所示。

由图 4-9 可知，地理集聚对行业出口额具有正向作用，并且这种正向作用随着商业信用依赖度的提升而增大。

在稳健性检验上，本章变换了商业信用依赖度与地理集聚的度量指标，采用第二产业就业密度来度量地理集聚的程度（Sun 等，2012），采用 Fisman 和 Love（2003）给出的另一商业信用依赖度的度量指标，即应

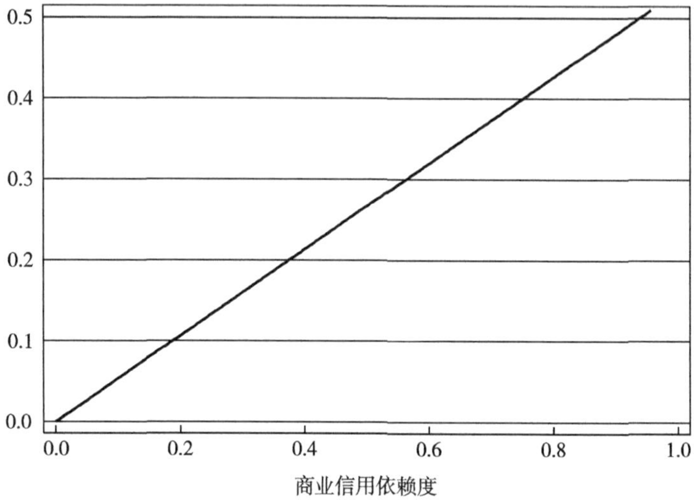

图 4-9　lnagglom 对 lnexport 的边际影响随商业信用依赖度变化

付账款/总负债，并分别采用 OLS 与 FE 方法估计，估计结果分别如表 4-2 中（3）列至（6）列所示。

另外，为了消除离群值对估计结果的影响，本章把地理集聚程度在1%分位点以外的观察值视为离群值，并进行了 Winsor 缩尾处理。Winsor 处理后的样本的估计结果如表 4-2 中（7）列和（8）列所示。从估计结果来看，无论是变换地理集聚度量指标、变换商业信用依赖度指标，还是考虑离群值处理后的回归，地理集聚与行业商业信用依赖度的交互项系数均显著为正，验证了假设 1 的合理性。

一个地区的基础设施也可能与集聚程度相关，并且也会影响地区出口，所以为了减轻遗漏变量产生的内生性，需要控制基础设施变量，本章用人均铺装道路面积（road）度量，此外，还加入行业生产率变量（tfp_2s），不仅能够控制行业生产率对出口的影响，还能够在一定程度上减轻由行业生产率与商业信用依赖度之间的相关性导致的内生性程度，行业生产率用行业内企业劳动生产率（增加值/从业人员人数）的中位数衡量。控制基础设施与行业生产率的回归结果如表 4-3 所示。各列结果中的地理集聚与行业商业信用依赖度的交互项系数在1%或5%的显著性水平上显著为正，再次表明地理集聚程度越高的地区，商业信用依赖度越高的行业具有越大的出口额，研究结论稳健，假设1合理。

表4-3 地理集聚、商业信用依赖度与出口额：控制基础设施与行业生产率

	(1)	(2)	(3)	(4)	(5)	(6)	(7)	(8)
	全样本		地理集聚：第二产业就业密度		商业信用依赖度：应付账款/总负债		Winsor处理样本	
	OLS	FE	OLS	FE	OLS	FE	OLS	FE
lnagglom	-0.035	-0.103	-0.048	-0.040	-0.048	-0.120	-0.038	-0.103
	(-0.42)	(-0.91)	(-0.63)	(-0.38)	(-0.58)	(-1.05)	(-0.45)	(-0.90)
lnagglom×credit	0.533**	0.853**	0.704***	0.721**	0.308***	0.470***	0.545**	0.870**
	(2.51)	(2.51)	(3.72)	(2.39)	(2.92)	(2.78)	(2.55)	(2.52)
credit	-0.961	-2.450**	3.942***	3.580**	-0.369	-1.506***	-1.002	-2.504**
	(-1.34)	(-2.26)	(4.42)	(2.40)	(-1.01)	(-2.72)	(-1.39)	(-2.28)
lnFD	0.044	0.430*	0.043	0.436*	0.065	0.454*	0.044	0.429*
	(0.25)	(1.75)	(0.25)	(1.78)	(0.37)	(1.85)	(0.25)	(1.75)
lnGDPPC	0.464**	0.542*	0.463**	0.553*	0.459**	0.549*	0.463**	0.540*
	(2.24)	(1.74)	(2.24)	(1.78)	(2.22)	(1.76)	(2.24)	(1.74)
tfp_2s	-0.000	0.000	-0.000	0.000	-0.000	0.000	-0.000	0.000
	(-0.22)	(0.10)	(-0.16)	(0.07)	(-0.39)	(0.11)	(-0.22)	(0.10)
road	-0.008	-0.012	-0.008	-0.013	-0.008	-0.013	-0.008	-0.012
	(-1.17)	(-1.19)	(-1.15)	(-1.23)	(-1.21)	(-1.28)	(-1.16)	(-1.19)
城市固定效应	是	否	是	否	是	否	是	否
行业固定效应	是	否	是	否	是	否	是	否
时间固定效应	是	是	是	是	是	是	是	是
城市—行业固定效应	否	是	否	是	否	是	否	是
N	16069	16069	16069	16069	16065	16065	16069	16069
R^2	0.456	0.065	0.456	0.065	0.457	0.066	0.456	0.065

注：*、**和***分别表示在10%、5%和1%水平上显著；括号内是系数的t检验值。

4.4.1.2 考虑其他行业特征与地区特征交互项后的稳健性检验

（1）估计方程式的设定。

根据传统的比较优势理论，资源禀赋（包括自然资源禀赋与人力资源禀赋）是一个地区或国家比较优势的来源，资源禀赋高的国家或地区，将出口密集使用这些资源的产品。另外，根据近年来的研究，金融发展程度越高的国家或地区，外部融资依赖度越高的行业具有越大的出口额，不同地区经济发展水平及其行业增加值也会对贸易模式产生影响。

为了进一步验证地理集聚对总出口额影响结论的稳健性，本章进一步采用Rajan和Zingales（1998）、Nunn（2007）的估计方法，在方程（4-1）中引入其他行业特征和地区特征的交叉乘积项，如行业资源投入密度与地区资源禀赋的交互项，以及行业外部金融依赖度与地区金融发展程度的交互项，得到检验上述假设的方程如下：

$$\ln ex_{ic}=\beta_1 credit_{ic}\times\ln(agglom_c)++\beta_2 f_{ic}\times\ln(F_c)++\beta_3 value_{ic}\times \ln(GDPPC_c)+\beta_4 r_{ic}\times\ln(R_c)+\beta_5 h_{ic}\times\ln(H_c)+\alpha_i+\eta_c+\varepsilon_{ic} \quad (4-4)$$

其中，i、c分别表示行业、地区；α_i表示行业固定效应，控制不随地区变化的其他行业特征，如行业的规模经济、技术水平、契约密集度等；η_c表示地区固定效应，控制不随行业变化的其他地区特征，如是否为沿海地区等；ε_{ic}表示随机扰动项。被解释变量ex_{ic}表示c地区i行业的出口交货值。

行业自然资源投入密度（r_{ic}）用行业采矿业投入占中间投入比重来表示，地区自然资源禀赋（R_c）用各地采矿业产出度量；行业人力资源密度（h_{ic}）用科技人员在全行业从业人员中的比重表示，地区人力资源禀赋（H_c）用每十万人口高校在校学生数表示。金融发展程度（F_c）用年末金融机构贷款余额在GDP中所占比重衡量，金融依赖度（f_{ic}）用（资本支出-经营性现金流）与资本支出之比来度量（Rajan和Zingales，1998；毛其淋和钟一鸣，2023）。行业增加值（$value_{ic}$）用各行业的工业增加值与工业总产值之比来表示，地区经济发展水平（$GDPPC_c$）指各地区的人均GDP。

（2）数据来源。

由于难以获得关于上述指标的分城市分行业数据，本部分主要采用 2004 年、2008 年除西藏之外的 30 个省份及其 29 个两位码制造业行业（不包括废弃资源和废旧材料回收加工业）的数据①，数据来源如下：

省级层面：各省非农就业人口数、人均 GDP、每十万人口中高校在校学生数、GDP 来自 2005 年和 2009 年的《中国统计年鉴》。各省份采矿业产出来自 2004 年和 2008 年的《中国经济普查年鉴》。年末金融机构贷款余额来自 2005 年与 2009 年的《中国金融统计年鉴》。

行业层面：各省份分行业的出口交货值、应付账款、总资产、工业总产值、中国各行业的科技人员数、从业人员数均来自 2004 年与 2008 年的《中国经济普查年鉴》。2004 年与 2008 年各行业采矿业投入、中间投入分别来自 2002 年中国 122 个部门的投入产出表与 2007 年中国 135 个部门的投入产出表；用 2004 年与 2008 年中国工业企业数据库中的应付账款与总资产的企业数据，根据 Fisman 和 Love（2003）提出的行业中位数方法，计算得出各省份分行业的商业信用依赖度；2004 年各省份分行业的增加值数据，由 2004 年工业企业数据库中企业增加值数据加总整理得到，由于 2008 年工业企业数据库缺乏企业增加值数据，也缺少中间投入等相关数据，难以直接利用公式计算得到，所以本章首先采用 2007 年工业企业数据库的企业增加值数据，加总计算得到各省各行业的工业增加值，然后根据 2004~2007 年的工业行业增加值计算出三年的平均增长率，经过平均增长率调整后即可得到 2008 年各省份各行业的增加值；由于韩剑和张凌（2012）利用中国上市公司的数据，根据 Rajan 和 Zingales（1998）方法计算得到了中国 26 个制造业行业金融依赖度数据，所以，本章主要采用韩剑和张凌计算的行业外部金融依赖度数据。

（3）检验结果与分析。

表 4-4 汇报了方程（4-4）的 OLS 回归结果，（1）列和（4）列是控

① 主要变量的描述统计见附表 B。

制了资源禀赋与行业资源投入密度交互项的回归结果；(2) 列和 (5) 列是控制了地区收入与行业附加值率交互项，以及金融发展与行业金融依赖度交互项的回归结果；(3) 列和 (6) 列是控制了所有其他交互项的回归结果。由各列回归结果的第一行可看出，不管应用哪年的数据，在 1%的显著性水平上，地理集聚与行业商业信用依赖度的交互项系数显著为正，说明了地理集聚是地区出口比较优势的主要来源，在集聚程度高的地区，商业信用依赖度高的行业具有更大的出口额。

表 4-4　加入其他地区特征与行业特征后的 OLS 估计

	(1) 2004 年	(2) 2004 年	(3) 2004 年	(4) 2008 年	(5) 2008 年	(6) 2008 年
credit×ln (agglom)	1.924*** (5.79)	2.254*** (6.44)	2.276*** (6.41)	1.679*** (6.02)	4.047*** (6.43)	1.633*** (5.74)
r×ln (R)	0.451 (1.04)	—	0.418 (0.98)	1.049 (0.60)	—	0.476 (0.27)
h×ln (H)	8.036 (1.22)	—	7.166 (1.08)	2.945 (0.17)	—	11.355 (0.64)
value×ln (GDPPC)	—	0.324*** (2.60)	0.328*** (2.63)	—	0.009 (1.15)	0.008 (1.11)
f×ln (F)	—	−0.481* (−1.68)	−0.448 (−1.56)	—	−0.450 (−1.47)	−0.475 (−1.53)
常数项	0.984 (1.39)	0.852* (1.66)	0.206 (0.26)	1.122 (0.74)	1.132*** (3.06)	0.175 (0.11)
行业固定效应	是	是	是	是	是	是
省份固定效应	是	是	是	是	是	是
观测值	721	671	671	724	673	673
R^2	0.694	0.694	0.694	0.678	0.681	0.680

注：*、** 和 *** 分别表示在 10%、5%和 1%水平上显著；括号内是 t 检验值。

再看地区金融发展程度与行业金融依赖度的交互项，在各列中交互项系数均为负，甚至在 (2) 列中在 10%的显著性水平上显著，这在一定程度上说明了金融发展并不是地区出口贸易的决定因素，反而在金融发展程度高的地区，高度依赖外部融资的行业出口可能会受到抑制，这与目前许多文献的研究结论不同（朱彤等，2007；包群和阳佳余，2008；韩剑和张凌，2012），主要原因是：上述研究主要从外部金融部门融资的视角分析中国各地区金融发展对出口贸易的影响，没有考虑企业之间的商业信用融资对出口贸易的作用。由于我国金融体系不完善，各地金融发展程度不高，外部融资依赖度高的行业难以从金融部门融资而获益，甚至不健全的金融市场会阻碍这些行业的出口。

由表4-4可知，地区资源禀赋与行业资源投入密度的交互项均不显著，说明了资源禀赋（自然资源与人力资源）可能并不是中国地区出口比较优势与贸易差异的主要来源。另外，各列中地区人均收入水平与行业增加值率的交互项系数为正，并且（2）列和（3）列在1%的显著性水平上显著，说明收入水平高的地区可能更倾向于出口高附加值的产品，这与Nunn（2007）的研究结论一致，也符合经济发展的规律。

由于有些研究还发现出口也是集聚的重要原因（Sjoberg 和 Sjoholm，2002；王蕊和王怡，2021），所以（1）列中的地理集聚与商业信用交互项 $credit_{ic}\times\ln(agglom_c)$ 可能是内生变量，从而造成 OLS 估计量的不一致。因此，我们选取合适的工具变量，使用两阶段最小二乘法，以克服潜在的内生性与估计量的不一致问题。

本章主要采用1984年所在省份是否有工业园区作为虚拟变量 D_c，并使用 $credit_{ic}\times D_c$ 作为 $credit_{ic}\times\ln(agglom_c)$ 的工具变量。选择工业园区的主要原因是：1984年，中国政府批准在14个沿海开放城市建立了第一批国家级经济技术开发区，这是为吸引外部生产要素、促进自身发展而划出一定范围并在其中实施特殊政策和管理手段的特定区域。开发区的建立为后来所在省份的集聚程度产生了积极的正向影响，但最初开发区是否设立这一政策的选择与当前贸易的相关性不大或有弱相关性，符合选取工具变量的两个条件，既要与被解释变量具有弱相关性，还要与内生变量具有强相关性。

不同年份样本对应的 2SLS 估计结果如表 4-5 所示。在控制不同其他变量情况下，第一阶段回归结果对应的 F 值均远远大于 10，说明所选择的工具变量不是弱工具变量，并且 $credit_{ic} \times D_c$ 的系数显著为正，进一步说明了所选择的工具变量的强相关性。

表 4-5 考虑其他地区特征与行业特征交互项后的 2SLS 估计

	(1) 2004 年	(2) 2004 年	(3) 2004 年	(4) 2008 年	(5) 2008 年	(6) 2008 年
credit×ln (agglom)	3.599***	4.047***	4.090***	1.897**	1.545*	1.500
	(5.86)	(6.38)	(6.56)	(2.14)	(1.93)	(1.27)
r×ln（R）	0.284	—	0.219	1.116	—	0.433
	(0.49)		(0.38)	(0.38)		(0.14)
h×ln（H）	12.873*	—	11.953	−2.102	—	14.392
	(1.83)		(1.64)	(−0.07)		(0.49)
value×ln (GDPPC)	—	0.379**	0.381**	—		0.008
		(2.54)	(2.55)		(0.81)	(0.78)
f×ln（F）	—	−0.494*	−0.447	—	−0.447*	−0.481**
		(−1.78)	(−1.63)		(−1.85)	(−2.00)
常数项	−0.286	−0.210	−1.276	1.464	1.196*	−0.032
	(−0.38)	(−0.31)	(−1.46)	(0.68)	(1.77)	(−0.02)
行业固定效应	是	是	是	是	是	是
省份固定效应	是	是	是	是	是	是
观测值	721	671	671	724	673	673
R^2	0.682	0.681	0.681	0.677	0.681	0.680
第一阶段的结果	被解释变量 Credit×ln（Agglom）					
credit×D	4.199***	4.058***	3.985***	4.017***	4.002**	2.997*
	(18.18)	(16.92)	(17.31)	(15.41)	(2.07)	(1.92)
F 统计量	125.85	127.78	126.78	120.47	105.58	105.20

注：*、**和***分别表示在 10%、5%和 1%水平上显著；括号内是 t 检验值。

由于 2SLS 估计结果与 OLS 很相似，商业信用依赖度与地理集聚的交互项系数为正，并且在表 4-5 中（1）列至（5）列中都显著，其他各交互项系数的显著性与符号也基本未变，仍然表明，在地理集聚程度高的地区，商业信用依赖度高的行业有更大的出口额；金融发展程度高的地区，外部融资依赖度高的行业出口可能会减少；人均收入水平高的地区，高附加值的行业出口更大。

为了进一步考察上述研究结论的稳健性，再分别采用第二产业就业密度与制造业就业密度衡量地理集聚程度（Sun 等，2012）；用应付账款/总负债（Fisman 和 Love，2003）与应付账款/销售额（Ge 和 Qiu，2007）衡量商业信用融资依赖度。

表4-6中（1）列和（2）列分别对应的是用第二产业就业密度和制造业就业密度度量地理集聚后的OLS回归结果，（3）列和（4）列分别对应的是用应付账款/总负债与应付账款/销售额度量商业信用融资依赖度的OLS回归结果。由于各列第一行对应的地理集聚与商业信用依赖度交互项的系数显著为正，表明研究假设不受变换地埋集聚和商业信用融资依赖度指标的影响，即地理集聚程度高的地区，商业信用依赖度高的行业出口更大。另外，其他变量系数的符号也基本没变，地区金融发展与融资依赖度交互项系数依然为负；地区资源禀赋与资源投入的交互项仍然不显著并且系数为正，地区人均收入水平与行业增加值的交义项系数显著为正，这也说明了其他变量对出口比较优势的影响也没受到指标变换的影响。

表4-6 变换集聚变量与商业信用融资依赖度度量指标的回归结果

	(1)	(2)	(3)	(4)
credit×ln（agglom）	1.107**	3.445***	1.347***	1.789***
	(2.16)	(7.00)	(7.18)	(4.62)
r×ln（R）	0.471	0.328	0.323	0.463
	(1.06)	(0.77)	(0.76)	(1.07)
h×ln（H）	3.072	6.690	4.237	5.786
	(0.45)	(1.02)	(0.65)	(0.86)
value×ln（GDPPC）	0.267**	0.307**	0.297**	0.313**
	(2.09)	(2.48)	(2.41)	(2.47)

续表

	(1)	(2)	(3)	(4)
f×ln (F)	-0.357 (-1.20)	-0.399 (-1.40)	-0.451 (-1.58)	-0.451 (-1.55)
常数项	1.494* (1.86)	0.073 (0.09)	0.226 (0.29)	0.645 (0.80)
行业固定效应	是	是	是	是
省份固定效应	是	是	是	是
观测值	671	671	671	671
R^2	0.676	0.697	0.699	0.684

注：*、**和***分别表示在10%、5%和1%水平上显著；括号内是t检验值。

经前述分析得出，在地理集聚程度高的地区，商业信用依赖度高的行业有更大的出口额和出口比较优势。那么，行业的商业信用依赖度是否与其他地区因素有关，比如，在资源禀赋丰裕或金融发展程度高的地区，商业信用依赖度高的行业出口是否更大？如果这种情况成立，那么，本书提出的研究假设1就难以成立。

为了检验这种情况，对模型（4-4）做了如下变化，引入行业商业信用依赖度与其他地区变量的交叉乘积项，并采用OLS估计，估计结果如表4-7所示。（1）列是引入地区自然资源禀赋与行业商业信用依赖度交互项的回归；（2）列是引入地区人力资源禀赋与行业商业信用依赖度交互项的回归；（3）列是引入地区经济发展水平与行业商业信用依赖度交互项的回归；（4）列是引入地区金融发展程度与行业商业信用依赖度的回归。从各列结果来看，在控制了行业商业信用与其他地区因素的交互项后，行业商业信用依赖度与地理集聚交互项系数仍然显著为正，其他地区变量与商业信用依赖度交互项系数均为负，甚至有些系数还比较显著（如地区人力资源禀赋与商业信用依赖度的交互项、地区经济发展水平与商业信用依赖度的交互项），说明了商业信用融资依赖性行业的出口主要受地理集聚程度的影响，地区丰裕的自然资源禀赋、发达的经济发展水平与金融发展水平均不会显著促进商业信用依赖度高的行业出口。

表 4-7　引入其他地区因素与行业商业信用依赖度交互项的回归结果

	(1)	(2)	(3)	(4)
credit×ln（agglom）	2.716*** (4.08)	3.729*** (3.97)	3.653*** (3.86)	2.190*** (5.98)
credit×ln（R）	-0.369 (-0.72)	—	—	—
credit×ln（H）	—	-0.916* (-1.73)	—	—
credit×ln（GDPPC）	—	—	-0.679* (-1.66)	—
credit×ln（F）	—	—	—	-2.105 (-0.53)
r×ln（R）	—	0.333 (0.78)	0.321 (0.75)	0.474 (1.10)
h×ln（H）	7.152 (1.08)	—	7.011 (1.05)	7.876 (1.20)
value×ln（GDPPC）	0.320** (2.56)	0.309** (2.47)	—	0.355*** (3.15)
f×ln（F）	-0.430 (-1.49)	-0.441 (-1.54)	-0.363 (-1.26)	—
常数项	0.108 (0.13)	0.703 (1.35)	0.774 (1.04)	0.265 (0.30)
行业固定效应	是	是	是	是
省份固定效应	是	是	是	是
观测值	671	671	671	721
R^2	0.694	0.695	0.692	0.698

注：*、**、***分别表示在 10%、5%和 1%水平上显著；括号内是 t 检验值。

4.4.2　地理集聚、商业信用依赖度与出口二元边际

将方程（4-1）的被解释变量行业总出口额分解为出口企业数目与单位企业平均出口额时，可得到扩展边际估计方程（4-2）与集约边际的估计方程（4-3），通过估计这两个方程中地理集聚变量，以及地理集聚与

商业信用依赖度交互项的系数，来判断地理集聚对二元边际的作用。如果采用 OLS 估计，那么，扩展边际方程（4-2）和集约边际方程（4-3）中各变量的系数之和必定等于总出口额方程（4-1）中对应的变量系数，这样，可以很好地分析总出口额主要沿着哪个边际增长，这在贸易二元边际的研究中得到了广泛应用。因此，本部分用 OLS 方法估计地理集聚对出口二元边际的影响，结果如表 4-8 所示。

表 4-8 地理集聚、商业信用依赖度与二元边际

	(1)	(2)	(3)	(4)	(5)	(6)	(7)	(8)
	全样本		地理集聚：第二产业就业密度		商业信用依赖度：应付账款/总负债		Winsor 处理样本	
	扩展边际	集约边际	扩展边际	集约边际	扩展边际	集约边际	扩展边际	集约边际
lnagglom	-0.094**	0.048	-0.088***	0.027	-0.114***	0.056	-0.095**	0.045
	(-2.54)	(0.66)	(-2.60)	(0.41)	(-3.07)	(0.77)	(-2.52)	(0.62)
lnagglom×credit	0.350***	0.177	0.510***	0.189	0.254***	0.041	0.349***	0.177
	(3.67)	(0.95)	(5.99)	(1.14)	(5.36)	(0.45)	(3.64)	(0.95)
credit	-1.540***	0.630	1.894***	2.058***	-0.774***	0.457	-1.537***	0.630
	(-4.78)	(1.00)	(4.73)	(2.63)	(-4.70)	(1.42)	(-4.76)	(1.00)
lnFD	-0.071	0.104	-0.069	0.103	-0.058	0.113	-0.071	0.105
	(-0.91)	(0.69)	(-0.89)	(0.68)	(-0.75)	(0.75)	(-0.91)	(0.69)
lnGDPPC	0.154*	0.278	0.158*	0.274	0.160*	0.266	0.153*	0.278
	(1.68)	(1.54)	(1.71)	(1.52)	(1.74)	(1.48)	(1.67)	(1.54)
城市固定效应	是	是	是	是	是	是	是	是
行业固定效应	是	是	是	是	是	是	是	是
时间效应	是	是	是	是	是	是	是	是
N	16105	16105	16105	16105	16101	16101	16105	16105
R^2	0.661	0.320	0.661	0.320	0.661	0.320	0.661	0.320

注：*、** 和 *** 分别表示在 10%、5%和 1%水平上显著；括号内是系数的 t 检验值。

表 4-8 中（1）列和（2）列的全样本估计结果表明，地理集聚显著影响了出口的扩展边际，对集约边际没有显著影响。地理集聚对扩展边际的影响可由 $\partial \ln number_{ist}/\partial \ln(agglom_{it})=\hat{\beta}_1+\hat{\beta}_3 credit_{ist}$ 得出。

当商业信用依赖度位于低分位数水平（0.044）时，得到 $\partial \text{lnnumber}_{ist}/\partial \ln(\text{agglom}_{it})=0.350\times0.044-0.094=-0.079$，当商业信用依赖度位于高分位数水平（0.131）时，$\partial \text{lnnumber}_{ist}/\partial \ln(\text{agglom}_{it})$ 为-0.048，只有当行业的商业信用依赖度大于 0.269 时，地理集聚对出口扩展边际才有正向作用。由于地理集聚与交互项的系数在 1%的显著性水平上显著为正，表明当行业的商业信用依赖度较大时（大于 0.269），地理集聚程度对出口扩展边际的正向影响随着行业商业信用依赖度的提升而增加。地理集聚对扩展边际的影响随行业商业信用依赖度的变化如图 4-10 所示。

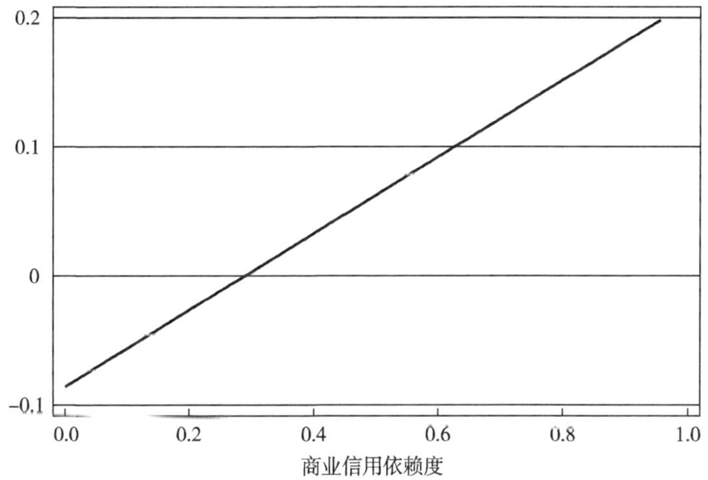

图 4-10　lnagglom 对 lnnumber 的边际影响随商业信用依赖度变化

其实，上述结论也验证了假设 2 的合理性。在理论分析中，假定金融市场不健全，企业依赖于商业信用融资。对于商业信用依赖度较高的行业内企业，更加依赖于商业信用融资，其融资能力对地理集聚程度的敏感性更强，地理集聚程度的提高能够显著增大这些行业内企业的商业信用融资规模，有更多的企业会克服出口固定成本的约束而参与出口，从而行业内企业的出口数量会增加。

为了检验上述结论的稳健性，分别采用地理集聚与商业信用依赖度的不同度量指标，以及对离群值进行处理，估计结果如表 4-8 中（3）列至（8）列。在扩展边际方程的估计结果中，地理集聚系数显著为负，地理集聚与交互项系数均在 1%的显著性水平上显著为正，地理集聚对集约边际的影响仍然不显著，验证了上述结论的稳健性，即地理集聚对出口额的影响主要是沿着扩展边际实现的，对于商业信用依赖度较高的行业，地理集聚对其出口扩展边际有显著的正向影响，且随着行业商业信用依赖度的提高而增大。

同上，考虑遗漏变量所产生的内生性问题，控制地区基础设施（road）与行业生产率（tfp_2s），分别进行全样本估计，以及变换指标与 Winsor 处理后的估计，回归结果如表 4-9 所示。各列结果再次表明，在 1%的显著性水平上，地理集聚与商业信用依赖度的交互项系数符号为正，表明地理集聚程度越高的地区，商业信用依赖度越高的行业具有更大的出口企业数量。从全样本回归结果来看，只有当商业信用依赖度大于 0.290 时，地理集聚对出口扩展边际具有正向影响。由于地理集聚与交互项的系数在 1%的显著性水平上显著为正，表明当行业的商业信用依赖度较大时（大于 0.290），地理集聚对出口扩展边际的正向影响随着商业信用依赖度的提高而增大。但是，由于商业信用依赖度较高的行业从集聚区中获得的商业信用主要用于出口固定成本，对可变贸易成本的影响较小，从而对集约边际的影响不明显。

表 4-9　地理集聚、商业信用依赖度与二元边际：控制基础设施与行业生产率

	(1)	(2)	(3)	(4)	(5)	(6)	(7)	(8)
	全样本		地理集聚：第二产业就业密度		商业信用依赖度：应付账款/总负债		Winsor 处理样本	
	扩展边际	集约边际	扩展边际	集约边际	扩展边际	集约边际	扩展边际	集约边际
lnagglom	-0.086**	0.051	-0.082**	0.034	-0.110***	0.062	-0.088**	0.049
	(-2.33)	(0.70)	(-2.40)	(0.50)	(-2.94)	(0.84)	(-2.31)	(0.66)

续表

	(1)	(2)	(3)	(4)	(5)	(6)	(7)	(8)
	全样本		地理集聚：第二产业就业密度		商业信用依赖度：应付账款/总负债		Winsor 处理样本	
	扩展边际	集约边际	扩展边际	集约边际	扩展边际	集约边际	扩展边际	集约边际
lnagglom×credit	0.297***	0.236	0.464***	0.240	0.247***	0.061	0.302***	0.243
	(3.13)	(1.26)	(5.48)	(1.44)	(5.22)	(0.66)	(3.15)	(1.29)
credit	-1.436***	0.475	1.624***	2.318***	-0.765***	0.396	-1.453***	0.451
	(-4.48)	(0.76)	(4.07)	(2.96)	(-4.65)	(1.23)	(-4.49)	(0.71)
lnFD	-0.076	0.120	-0.075	0.118	-0.064	0.129	-0.077	0.120
	(-0.99)	(0.79)	(-0.97)	(0.78)	(-0.83)	(0.85)	(-0.99)	(0.79)
lnGDPPC	0.176*	0.288	0.179*	0.284	0.182**	0.277	0.175*	0.288
	(1.90)	(1.58)	(1.93)	(1.56)	(1.96)	(1.52)	(1.88)	(1.58)
tfp_2s	-0.001***	0.000***	-0.001***	0.000***	-0.001***	0.000***	-0.001***	0.000***
	(-9.22)	(4.44)	(-9.11)	(4.45)	(-9.08)	(4.17)	(-9.22)	(4.45)
road	-0.003	-0.004	-0.003	-0.004	-0.003	-0.005	-0.003	-0.004
	(-1.09)	(-0.77)	(-1.07)	(-0.77)	(-1.13)	(-0.80)	(-1.09)	(-0.77)
城市固定效应	是	是	是	是	是	是	是	是
行业固定效应	是	是	是	是	是	是	是	是
时间效应	是	是	是	是	是	是	是	是
N	16069	16069	16069	16069	16065	16065	16069	16069
R^2	0.662	0.134	0.663	0.132	0.662	0.135	0.662	0.134

注：*、**和***分别表示在10%、5%和1%水平上显著；括号内是系数的t检验值。

另外，表4-8与表4-9还表明，不管是否控制地区基础设施水平与行业生产率水平，在扩展边际方程的估计结果中，地区人均收入变量系数均在10%的显著性水平上为正值，但在集约边际估计方程中不显著。表明地区经济发展水平对行业内出口企业数目有微弱的正向作用，但对单位企业的平均出口额没有显著的影响。也说明了地区经济发展水平对出口额的正向作用也是主要沿着扩展边际实现的。

4.5 本章小结

本章主要利用2004~2007年中国工业企业数据库与历年《中国城市统计年鉴》的相关城市数据，以中国分城市分行业的出口贸易为对象，验证了地理集聚、商业信用依赖度对出口二元边际的影响。研究发现，地理集聚对行业出口额的正向影响随着商业信用依赖度的提升而增大，在地理集聚程度高的地区，商业信用依赖度高的行业有更大的出口额；地理集聚对总出口增长的影响是沿两个边际实现的，但其在两个边际上的作用机制和程度不同，总体而言，地理集聚主要通过扩展边际影响了行业出口额的增长，地理集聚程度的提升显著正向促进了出口的扩展边际，并且随着行业商业信用依赖度的提升而增大，但是地理集聚对出口集约边际的影响不显著。

第5章　地理集聚、商业信用与出口：企业层面实证研究

本章主要从微观层面运用中国工业企业数据与相关城市数据，考察地理集聚、商业信用对企业出口决策与出口额的影响，主要包括以下内容：第一，验证第3章提出的假设3、假设4的合理性，即主要采用Probit模型实证检验地理集聚对企业出口决策的影响，以及这种影响随企业生产率以及行业商业信用依赖度的变化情况；第二，考虑到出口额对数的缺漏值会造成样本选择偏误问题，采用处理样本选择偏误的Heckman模型估计地理集聚、商业信用依赖度对出口额的影响，对第3章提出的假设5进行了实证检验。此外，由于异质性的商业信用融资程度也会影响到企业出口行为，且与银行信贷约束和地理集聚程度有关，本章充分考虑到企业商业信用融资会受到银行信贷约束的影响，以及商业信用融资、银行信贷约束与地理集聚的关系，分析了商业信用的出口作用受银行信贷约束的影响，与这种影响在不同地理集聚城市上的差异。

5.1　地理集聚、商业信用依赖度与企业出口决策

5.1.1　计量方程与变量

通过第3章理论模型的分析，已发现地理集聚影响到企业出口的临界

生产率水平，随着地理集聚程度的提升，企业出口的临界生产率水平降低，尤其对商业信用依赖度较高的行业，其企业出口的生产率门槛随着地理集聚程度的提高而进一步降低。可见，从企业层面来看，地理集聚影响到企业临界生产率水平，并且出口临界生产率水平的大小还与行业的商业信用依赖度有关。

为了验证假设3，需要在估计企业出口决策方程中加入地理集聚、行业商业信用依赖度、生产率，以及地理集聚与生产率的交互项，还要控制影响企业出口决策的其他变量，如企业规模、劳动力质量、所有制性质等。设定的企业出口决策的基本方程：

$$dum\_export_{isjt}=\beta_0+\beta_1\ln(agglom_{it})+\beta_2credit_{ist}+\beta_3TFP_{isjt}+\beta_4\ln(agglom_{it})\times TFP_{isjt}+\beta_5firm_{isjt}+\beta_6\ln(GDPPC_{it})+\beta_7\ln FD_{it}+\delta_s+\eta_i+\gamma_t+\varepsilon_{isjt} \quad (5-1)$$

为了验证假设4，需要分析地理集聚与商业信用依赖度的交互项对企业出口决策的影响。设定基本方程：

$$dum\_export_{isjt}=\beta_0+\beta_1\ln(agglom_{it})+\beta_2credit_{ist}+\beta_3TFP_{isjt}+\beta_4credit_{ist}\times\ln(agglom_{it})+\beta_5firm_{isjt}+\beta_6\ln(GDPPC_{it})+\beta_7\ln FD_{it}+\delta_s+\eta_i+\gamma_t+\varepsilon_{isjt} \quad (5-2)$$

其中，i、s、j、t 分别表示地区、行业、企业和时间；δ_s 表示两位码行业固定效应，控制影响企业出口决策的行业固定因素，如不同行业的技术水平与外部融资依赖度等；η_i 表示地区固定效应，控制影响企业出口可能性的地区固定因素，如企业所处地区是否是沿海地区等；γ_t 表示时间固定效应，控制宏观经济波动、政策等对企业出口可能性的影响。

因变量 dum_export 是虚拟变量，反映企业是否参与出口。设 $export_{isjt}$ 是企业的出口交货值，如果 $export_{isjt}>0$，则 dum_export=1，否则为0。

解释变量 $credit_{ist}$ 表示 i 地区 s 行业在第 t 年的商业信用依赖度。本章主要借鉴 Fisman 和 Love（2003）的方法：选取每个行业中企业的应付账款/总资产的中位数作为行业商业信用依赖度，数值越大，表明行业商业信用依赖度越高。本章还应用了 Fisman 和 Love 给出的应付账款/总负债指标。

解释变量 $agglom_{it}$ 表示在i地区在第t年的地理集聚程度，与第4章相同，由于考虑到地理集聚产生的商业信用效应是基于一定地区内企业之间的作用，地区的地理面积影响到企业之间的距离和交易成本的大小，进而影响到商业信用效应的发挥，因此，本章仍然采用了地理面积的就业密度指标来衡量地理集聚程度，主要用一个地区内的非农就业人员密度进行假设检验与分析（Ciccon 和 Hall，1996，王永进等，2009），用第二产业就业密度进行稳健性检验（Sun 等，2012）。

在生产率的度量上，借鉴现有多数文献的研究，本章主要采用 Levinsohn 和 Amil（2003）方法估计企业的全要素生产率 TFP 指标。即在估计生产函数时，将中间投入作为资本存量的状态变量，同时，采用 Brandt 等（2012）的缩减指数对工业增加值、资本存量、中间产品投入等货币变量进行缩减处理，从而得到一致的生产率估计量。此外，在稳健性检验中，本章还用人均工业增加值度量生产率的大小。

变量 firm 表示影响企业出口行为的其他企业特征变量，包括企业规模、劳动力质量、所有制性质、上一期企业是否出口等。国内外大量文献研究表明，上一期企业是否出口（L. dum_ export）、企业规模（size）、劳动力质量（wage）均是影响企业出口决策的重要变量。由于出口固定成本的存在，上一期出口的企业在本期出口的可能性更大；劳动力质量越高的企业以及规模越大的企业，出口的可能性也越高；相对于国有企业与民营企业，外资企业有更大的出口可能性。因此，需要在以上模型中引入这些变量以控制这些因素对出口可能性的影响。本书用企业平均就业人员的对数值度量企业规模；用平均工资（应付工资总额/就业人员数）作为劳动力质量的代理变量（Bernard 和 Jensen，2004）。本章主要根据企业的登记注册类型，将企业分为外资企业与非外资企业。并设定虚拟变量 dum_ foreign 反映这两种所有制的类别。当 dum_ foreign = 1 时，企业为外资企业，当 dum_ foreign = 0 时，为其他企业。

另外，在方程（5-1）和方程（5-2）中，还控制了地区金融发展水平与经济发展水平变量，因为这些变量都可能与地理集聚程度相关，并且也会影响企业的出口行为，如果不控制这些变量，很可能存在内生性问题，从而导致估计结果的偏误。与第 4 章相同，金融发展程度 FD_{it} 用年末金融机构贷款余额在 GDP 中所占比重衡量，地区经济发展水平用人均 GDP 变量 $GDPPC_{it}$ 衡量。

如果假设 3 正确，对于方程（5-1），在不控制交互项的情况下，$\beta_1>0$，说明随着地理集聚程度的提高，企业出口的可能性增强；如果方程（5-1）中的 $\beta_4<0$，表明在地理集聚程度低的地区，生产率较高的企业才能出口。

如果假设 4 正确，即随着地理集聚程度的提高，商业信用依赖度高的行业内的企业更容易参与出口，那么方程（5-2）中的 $\beta_4>0$。

5.1.2 数据来源与描述统计分析

5.1.2.1 数据来源

企业层面的数据来源于国家统计局对规模以上企业的年度调查。由于 2004 年以后才有应付账款的数据，所以采用的数据时间跨度为 2004~2007 年。本章中所用的企业出口交货值、应付账款、应收账款、企业其他特征数据（如企业所有制、企业利息支出、企业规模等）、用 LP 法计算 TFP 所需的相关数据如劳动投入、资本存量与工业增加值、中间产品等均来自此数据库。

由于数据在统计过程中可能出现重复、遗漏、统计单位不一致等错误，从而使其中一些样本可能存在误导性。因此，为了保证数据的准确性与实证结果的有效性，本章借鉴谢千里等（2008）、Feenstra 等（2014）的研究，使用如下标准对样本数据进行筛选：删除一些重要财务指标（如应付账款、应收账款、利息支出、总资产、总产值、固定资产净值、企业增加值）有遗漏的样本；删除应付账款、利息支出为负的样本；删除对雇员人数为 10 人以下的样本。此外，还遵循一般公认会计准则（Cai 和 Liu，2009；Feenstra 等，2014），剔除发生以下情况的企业样本：流动资产、固定资产与固定资产净值超过总资产的企业；没有识别编号的企业；成立时间无效的企业（如成立时间在2007年之后）。

本书中的城市包括4个直辖市在内的286个地级城市（不包括拉萨市)。《中国城市统计年鉴》分别给出了“全市”和“市辖区”的各项统计指标。为了反映一个城市的集聚功能，选用“市辖区”对应各项统计指标（Sun等，2012)，如书中用到的非农就业人口数、第二产业就业人数、面积、年末金融机构贷款、GDP、人均GDP等均是“市辖区”水平上的统计指标。

5.1.2.2 变量的描述统计

主要变量的基本描述统计如表5-1所示，汇报了全样本和连续出口、新出口、连续不出口、停止出口子样本中，各变量的观测值、均值、标准差、最小值和最大值。

表5-1 主要变量的描述统计

变量	观测值	均值	标准差	最小值	最大值
全样本					
lnexport	269782	9.525	1.712	0.000	19.014
lnagglom	947508	3.598	0.898	-0.637	6.067
credit	947815	0.108	0.068	0.000	1.222
TFP	947815	1.056	0.013	0.964	1.185
size	947815	4.671	1.074	2.303	12.145
dum_foreign	947815	0.108	0.310	0.000	1.000
wage	947815	15.346	12.974	0.000	1014.679
lnFD	947596	-0.194	0.493	-2.336	1.154
lnGDPPC	946896	10.155	0.685	7.662	11.502
连续出口					
lnexport	247041	9.627	1.657	0.000	19.014
lnagglom	247021	3.683	0.852	-0.637	6.067
credit	247041	0.130	0.073	0.000	0.957
TFP	247041	1.058	0.014	0.968	1.185
size	247041	5.218	1.144	2.303	12.145

续表

变量	观测值	均值	标准差	最小值	最大值
连续出口					
dum_foreign	247041	0. 220	0. 414	0. 000	1. 000
wage	247041	17. 227	14. 351	0. 000	745. 462
lnFD	247004	−0. 116	0. 458	−2. 336	1. 154
lnGDPPC	246794	10. 365	0. 613	7. 662	11. 502
新出口					
lnexport	22741	8. 410	1. 892	0. 000	18. 839
lnagglom	22738	3. 808	0. 853	−0. 557	5. 696
credit	22741	0. 104	0. 068	0. 000	0. 741
TFP	22741	1. 059	0. 013	0. 998	1. 155
size	22741	4. 930	1. 030	2. 303	11. 790
dum_foreign	22741	0. 128	0. 334	0. 000	1. 000
wage	22741	15. 817	15. 264	0. 000	1014. 679
lnFD	22735	−0. 251	0. 476	−2. 000	0. 887
lnGDPPC	22735	10. 144	0. 702	7. 926	11. 429
连续不出口					
lnagglom	364493	3. 556	0. 924	−0. 637	5. 696
credit	364723	0. 095	0. 063	0. 000	1. 159
TFP	364723	1. 057	0. 013	0. 967	1. 177
size	364723	4. 544	0. 959	2. 303	10. 498
dum_foreign	364723	0. 068	0. 251	0. 000	1. 000
wage	364723	15. 497	12. 576	0. 000	798. 899
lnFD	364633	−0. 276	0. 482	−2. 336	0. 887
lnGDPPC	364633	10. 106	0. 669	7. 782	11. 502
停止出口					
lnagglom	313256	3. 564	0. 900	−0. 637	6. 067
credit	313310	0. 107	0. 066	0. 000	1. 222
TFP	313310	1. 054	0. 013	0. 964	1. 167
size	313310	4. 368	0. 977	2. 303	11. 453
dum_foreign	313310	0. 065	0. 247	0. 000	1. 000
wage	313310	13. 654	11. 836	0. 000	841. 998
lnFD	313224	−0. 157	0. 517	−2. 336	1. 154
lnGDPPC	312734	10. 046	0. 719	7. 662	11. 502

5.1.3　地理集聚与生产率对企业出口对策的回归结果

由于因变量企业出口与否是二值选择变量，所以选择 Probit 方法估计模型较为合适，这在研究企业出口决策的文献中得到了广泛应用（Bernard 和 Jenson，2004；Greenaway 等，2007；Berman 和 Héricourt，2010；Minetti 和 Zhu，2011；蒲阿丽等，2022）。

为了验证假设 3 中地理集聚程度的提高是否显著增强了企业出口的可能性，本章首先用混合 Probit 方法与面板随机效应的 Probit 方法估计不含地理集聚与生产率交互项的方程（5-1）。同时为了避免解释变量和随机扰动项的相关性导致的内生性，本章对方程（5-1）中的所有解释变量进行滞后一期处理，估计结果分别如表 5-2 中（1）列和（3）列所示。从各列结果来看，地理集聚变量的系数均在 1%的显著性水平上显著为正，表明地理集聚程度的提高促进了企业出口的可能性。另外，从其他变量的符号和显著性水平来看，上一期已出口的企业在本期再出口的可能性较大，外资企业、劳动力质量较高的企业、规模较大的企业均有较大的出口可能，地区的金融发展水平也显著促进了企业出口，这与现有多数研究成果一致。生产率越高的企业反而出口可能性较小，这在一定程度上验证了中国企业出口的"生产率悖论"，既有大量的低生产率企业出口到国外市场（Lu，2010；何暑子等，2022）。

表 5-2　地理集聚与企业出口可能性

	(1)	(2)	(3)	(4)	(5)	(6)
	Probit_ pool	Probit_ pool	Probit_ re	Probit_ re	地理集聚：第二产业就业密度 Probit_ pool	
lnagglom	0. 449*** (24. 53)	0. 448*** (24. 48)	0. 070*** (24. 73)	0. 070*** (24. 82)	0. 451*** (26. 65)	0. 450*** (26. 62)
credit	0. 860*** (14. 26)	0. 754*** (12. 26)	1. 023*** (25. 53)	0. 933*** (22. 27)	0. 862*** (14. 27)	0. 756*** (12. 27)
TFP	-2. 824*** (-10. 47)	-2. 771*** (-10. 26)	-2. 659*** (-12. 53)	-2. 630*** (-12. 38)	-2. 799*** (-10. 38)	-2. 746*** (-10. 17)

续表

	(1)	(2)	(3)	(4)	(5)	(6)
	Probit_ pool	Probit_ pool	Probit_ re	Probit_ re	地理集聚：第二产业就业密度 Probit_ pool	
L. export_ dum	2.311*** (425.97)	2.309*** (425.29)	2.459*** (480.28)	2.458*** (479.72)	2.312*** (425.93)	2.310*** (425.25)
size	0.217*** (77.75)	0.218*** (78.14)	0.179*** (70.80)	0.180*** (71.03)	0.217*** (77.73)	0.218*** (78.12)
dum_ foreign	0.280*** (35.02)	0.280*** (34.91)	0.230*** (29.90)	0.230*** (29.79)	0.280*** (35.00)	0.280*** (34.90)
wage	0.005*** (22.64)	0.005*** (22.63)	0.003*** (14.20)	0.003*** (14.16)	0.005*** (22.62)	0.005*** (22.61)
lnFD	1.218*** (34.97)	1.218*** (34.95)	0.020*** (3.20)	0.020*** (3.14)	1.167*** (33.27)	1.166*** (33.25)
lnGDPPC	−0.833*** (−24.51)	−0.831*** (−24.44)	0.086*** (17.78)	0.085*** (17.54)	−0.862*** (−25.41)	−0.860*** (−25.34)
c_ firm	—	0.141*** (9.85)	—	0.104*** (7.61)	—	0.142*** (9.86)
bank	—	−0.289*** (−2.88)	—	−0.135 (−1.52)	—	−0.289*** (−2.88)
cash	—	0.002** (2.02)	—	0.002* (1.95)	—	0.002** (2.02)
城市固定效应	是	是	—	—	是	是
行业固定效应	是	是	—	—	是	是
时间效应	是	是	是	是	是	是
N	558332	558326	559008	558326	558332	558326
伪 R^2	0.576	0.576	—	—	0.576	0.577
Wald 统计量	—	—	271831.26	271766.98	—	—
Chi2	—	—	0.0000	0.0000	—	—

注：*、**和***分别表示在10%、5%和1%水平上显著；括号内是系数的z检验值；包含常数项的回归结果。

另外，考虑到企业本身的融资能力也可能影响到企业的出口行为，还需要在模型中加入反映企业融资能力的滞后期变量。本章用c_ firm代表企业的商业信用融资程度，选用大多数文献都应用的指标即应付账款在总资产中所占比重衡量（Fisman 和 Love，2003，Guariglia 和 Mateut，2006；Ge 和 Qiu，2007）。度量指标表明，比重越大，商业信用融资程度越高。银行信贷是企业最重要的一项债务资金来源。由于中国工业企业数据库没有报告银行信贷的数据，借鉴 Russo 和 Rossi（2001）的研究，可用利息率度量银行信贷约束的程度，企业支付的利率越高，在一定程度上表明受到的银行信贷约束就越强。一般来说，企业向银行贷款需要一定的资产做抵押。为了与企业商业信贷融资程度指标相对应与比较，本文使用企业的利息总支出在总资产中的比重度量利息率的大小，并作为银行信贷约束指标（bank）的代理变量。该比值越大，即企业抵押的单位资产所支付的利息越高，表明银行信贷约束越大。借鉴 Guariglia 和 Mateut（2006）的研究，本文使用经营活动产生的现金流与总资产的比值表示内部融资（cash），该比值越大，说明企业对自身现金流的支配能力较强，内部融资程度较高。

控制企业本身融资能力的滞后期变量的估计结果如表 5-2 中（2）列和（4）列所示。当控制了企业融资能力对出口决策的影响后，地理集聚变量依然在1%的显著性水平上显著为正，其他变量的符号和显著性水平也基本未变。再采用第二产业就业密度来度量地理集聚的程度（Sun 等，2012），Probit 模型的估计结果如表 5-2 中（5）列和（6）列所示，各列结果均表明，在1%的显著性水平上，地理集聚程度的提升提高了企业参与国外市场的可能，进一步验证了上述结论的稳健性。但从企业自身融资能力对出口倾向的影响来看，商业信用融资能力显著促进了企业的出口倾向，内部融资也有微弱的正向促进作用，银行信贷约束制约了企业出口的可能，并且这种制约作用还可能很显著。

为了检验假设 3 中在地理集聚程度较低的地区，生产率较高的企业能出口的合理性，借鉴 Berman 和 Héricourt（2010）的方法，采用混合 Probit 方法估计含有地理集聚与生产率交互项的模型（5-1）。估计结果分别如表 5-3 中（1）列和（2）列所示。不管是否控制企业自身的融资能力变量，各列中地理集聚与生产率的交互项都在 1%的显著性水平上为负，说明了随着地理集聚程度的提高，生产率较低的企业出口的可能性也会增强。也就是说，在其他变量相同的情况下，相对于高地理集聚地区，在低地理集聚地区生产率较高的企业才有可能出口。

表 5-3　地理集聚、生产率与企业出口可能性

	(1)	(2)	(3)	(4)	(5)	(6)
	地理集聚：非农产业就业密度		地理集聚：第二产业就业密度		生产率：单位就业人员的增加值	
lnagglom	2.352*** (9.10)	2.313*** (8.95)	1.661*** (7.05)	1.628*** (6.91)	0.451*** (24.65)	0.464*** (25.28)
lnagglom×TFP	−1.797*** (−7.38)	−1.761*** (−7.23)	−1.143*** (−5.15)	−1.113*** (−5.01)	−0.000*** (−5.49)	−0.000*** (−10.24)
credit	0.857*** (14.21)	0.753*** (12.23)	0.862*** (14.29)	0.757*** (12.30)	0.855*** (14.18)	0.753*** (12.23)
TFP	3.781*** (4.05)	3.702*** (3.96)	−7.310*** (−7.98)	−7.135*** (−7.78)	−2.021*** (−6.59)	0.000*** (8.17)
L. export_dum	2.311*** (425.96)	2.309*** (425.28)	2.312*** (425.92)	2.310*** (425.24)	2.312*** (425.93)	2.310*** (425.33)
size	0.216*** (77.61)	0.218*** (78.00)	0.217*** (77.67)	0.218*** (78.06)	0.212*** (73.24)	0.207*** (77.95)
dum_foreign	0.280*** (35.03)	0.280*** (34.93)	0.280*** (35.01)	0.280*** (34.91)	0.282*** (35.14)	0.280*** (34.92)
wage	0.005*** (22.58)	0.005*** (22.57)	0.005*** (22.57)	0.005*** (22.57)	0.006*** (23.22)	0.005*** (21.95)
lnFD	1.219*** (34.98)	1.219*** (34.96)	1.168*** (33.28)	1.167*** (33.26)	1.218*** (34.97)	1.223*** (35.10)
lnGDPPC	−0.827*** (−24.33)	−0.826*** (−24.27)	−0.858*** (−25.30)	−0.857*** (−25.24)	−0.829*** (−24.38)	−0.827*** (−24.34)
c_firm	—	0.140*** (9.76)	—	0.141*** (9.81)	—	0.138*** (9.62)

续表

	(1)	(2)	(3)	(4)	(5)	(6)
	地理集聚：非农产业就业密度		地理集聚：第二产业就业密度		生产率：单位就业人员的增加值	
bank	—	-0.283*** (-2.82)	—	-0.285*** (-2.84)	—	-0.321*** (-3.18)
cash	—	0.002** (2.03)	—	0.002** (2.03)	—	0.002** (2.05)
城市固定效应	是	是	是	是	是	是
行业固定效应	是	是	是	是	是	是
时间效应	是	是	是	是	是	是
N	558332	558326	558332	558326	558332	558326
伪 R^2	0.576	0.577	0.576	0.577	0.576	0.577

注：*、**和***分别表示在 10%、5%和 1%水平上显著；括号内是系数的 z 检验值；包含常数项的回归结果。

为了检验上述结论的稳健性，变换地理集聚与生产率的度量指标，采用第二产业就业密度来度量地理集聚的程度（Sun 等，2012），采用单位就业人员的增加值度量生产率的大小，估计结果分别如表 5-3 中（3）列至（6）列所示。从各列结果来看，不管变换哪个度量指标，地理集聚变量与生产率的交互项系数在 1%的显著性水平上显著且始终为负，而大多数其他变量的显著性和符号基本未变，验证了地理集聚程度的提高促进了较低生产率企业出口可能性的结论。

这一结论也在一定程度上反映了中国企业出口的“生产率悖论”，即有大量的低生产率企业出口到国外市场（Lu，2010；何暑子等，2022）。对这一现象，现有的一些研究从加工贸易、本地市场保护、开发区政策、汇率等角度进行了不同的解释（李丽霞等，2020；何暑子等，2022）。本书提供了解释企业出口“生产率悖论”原因的新视角。从前文理论分析来看，这是由于地理集聚的差异导致了企业使用商业信用的差异，从而导致不同地理集聚地区出口生产率的临界值也存在差异，由于高地理集聚区内企业更易获得商业信用融资，且出口生产率临界值较低，从而导致了更多较低生产率的企业也能够出口。

5.1.4 地理集聚与商业信用依赖度对企业出口决策的回归结果

为了验证假设4的合理性，本章用Probit方法估计方程（5-2），未控制企业自身商业信用融资能力和控制商业信用融资能力的估计结果分别如表5-4中（1）列和（2）列所示。从地理集聚与行业商业信用依赖度交互项的系数来看，在1%的显著性水平上，交互项的系数显著为正，表明在地理集聚程度越高的地区，商业信用依赖度越高的行业内企业越有可能出口。

表5-4 地理集聚、商业信用依赖度与企业出口可能性

	(1)	(2)	(3)	(4)	(5)	(6)
			地理集聚：第二产业就业密度		商业信用依赖度：应付账款/总负债	
lnagglom	0.422*** (22.17)	0.421*** (22.15)	0.428*** (24.28)	0.428*** (24.27)	0.429*** (22.43)	0.428*** (22.34)
lnagglom×credit	0.289*** (5.34)	0.283*** (5.23)	0.235*** (4.77)	0.230*** (4.64)	0.090*** (3.35)	0.094*** (3.50)
credit	−0.145 (−0.73)	−0.234 (−1.17)	1.849*** (8.60)	1.719*** (7.96)	0.275*** (2.65)	0.214** (2.05)
TFP	−2.818*** (−10.45)	−2.764*** (−10.23)	−2.795*** (−10.36)	−2.742*** (−10.15)	−2.835*** (−10.51)	−2.780*** (−10.29)
L.export_dum	2.311*** (425.95)	2.309*** (425.27)	2.312*** (425.89)	2.310*** (425.21)	2.311*** (425.89)	2.309*** (425.20)
size	0.217*** (77.70)	0.218*** (78.09)	0.217*** (77.68)	0.218*** (78.07)	0.217*** (77.82)	0.218*** (78.19)
dum_foreign	0.280*** (35.00)	0.280*** (34.90)	0.280*** (34.97)	0.279*** (34.87)	0.279*** (34.84)	0.279*** (34.75)
wage	0.005*** (22.64)	0.005*** (22.64)	0.005*** (22.62)	0.005*** (22.61)	0.005*** (22.61)	0.005*** (22.61)

续表

	(1)	(2)	(3)	(4)	(5)	(6)
			地理集聚：第二产业就业密度		商业信用依赖度：应付账款/总负债	
lnFD	1.220*** (35.01)	1.219*** (34.98)	1.168*** (33.30)	1.167*** (33.27)	1.219*** (35.00)	1.219*** (34.98)
lnGDPPC	−0.829*** (−24.38)	−0.827*** (−24.32)	−0.859*** (−25.32)	−0.857*** (−25.26)	−0.822*** (−24.14)	−0.820*** (−24.08)
c_firm	—	0.141*** (9.83)	—	0.141*** (9.84)	—	0.137*** (9.57)
bank	—	−0.289*** (−2.88)	—	−0.288*** (−2.87)	—	−0.283*** (−2.82)
cash	—	0.002** (2.01)	—	0.002** (2.02)	—	0.002** (2.00)
常数项	11.479*** (18.90)	11.393*** (18.77)	14.689*** (24.07)	14.602*** (23.94)	11.305*** (18.65)	11.222*** (18.52)
城市固定效应	是	是	是	是	是	是
行业固定效应	是	是	是	是	是	是
时间效应	是	是	是	是	是	是
N	558332	558326	558332	558326	558314	558326
伪 R^2	0.576	0.577	0.576	0.577	0.577	0.577

注：*、**和***分别表示在10%、5%和1%水平上显著；括号内是系数的z检验值。

变换地理集聚与商业信用依赖度的度量指标，采用第二产业就业密度来度量地理集聚的程度（Sun等，2012），采用Fisman和Love（2003）给出的另一商业信用依赖度的度量指标，即应付账款与总负债的比值。估计结果分别如表5-4中（3）列至（6）列所示。从各列结果来看，不管变换哪个度量指标，地理集聚变量与商业信用依赖度的交互项系数在1%的显著性水平上显著为正，其他变量的显著性和符号也基本未变，说明假设4是合理的。这表明在中国金融市场的背景下，在难以得到充足金融机构信贷资金的情况下，相对于商业信用依赖度低的行业，商业信用依赖度高的行业内企业很容易从高地理集聚区获得商业信用融资，从而克服出口成本的约束参与出口。

5.2 地理集聚、商业信用依赖度与企业出口额

5.2.1 方程式的设定

对于异质性企业来说，地理集聚、商业信用依赖度以及它们与生产率的关系可能对企业出口额产生影响，如第 3 章中的假设 5。本部分主要实证分析这些影响的显著性与大小，从而验证假设 5 的合理性。

为了分析地理集聚对企业出口额的影响随商业信用依赖度的变化，设定估计方程式（5-3）如下：

$$\text{lnexport}_{isjt}=\beta_0+\beta_1\ln(\text{agglom}_{it})+\beta_2\text{credit}_{ist}+\beta_3\text{TFP}_{isjt}+\beta_4\text{credit}_{ist}\times \ln(\text{agglom}_{it})+\beta_5\text{firm}_{isjt}+\delta_s+\eta_i+\gamma_t+\varepsilon_{isjt} \quad (5-3)$$

其中，lnexport_{isjt} 表示企业出口交货值的对数，其他解释变量的含义与方程（5-1）相同。

5.2.2 估计方法的选择

由于被解释变量是企业出口交货值的对数，对于大量出口交货值为 0 的观测值，取对数后会产生缺漏值。如果采用 OLS 或 FE 等估计方法，那么只有出口交货值大于 0 的观测值才能进入回归，这样就产生了样本自我选择偏误和内生性问题，估计结果必然是有偏的。

样本选择模型（Sample Selection）认为被解释变量的断尾与另一变量有关。例如，对于方程（5-3），被解释变量 lnexport_{isjt} 是否可以观测到取决于二值选择变量 dum_export_{isjt}（取值为 0 或 1），只有当 $\text{dum\_export}_{isjt}=1$ 时，lnexport_{isjt} 才可以被观测到。

针对样本选择偏误问题，Heckman（1979）提出了两步估计法对模型进行估计。

采用 Heckman 两步法估计方程（5-3）的具体步骤为：

第一步，用 Probit 估计选择方程 $p(dum\_export=1 \mid w)=\phi(w'r)$，得到估计值 $\hat{r}$，并计算逆米尔斯比率（Inverse Mill's Ratio）$\hat{\lambda}(-w'r)=\frac{\phi(-w'r)}{1-\Phi(-w'r)}$。$\phi(-w'r)$ 表示标准正态分布的概率密度函数，$\Phi(-w'r)$ 指标准正态分布的累计分布函数。如果 $\hat{\lambda}$ 不为零，并且在统计上显著，就表明样本选择的偏差是存在的，支持采取 Heckman 模型这种有效方法。

第二步，将逆米尔斯比率 $\hat{\lambda}$ 添加到方程（5-3）中，作为控制变量，由此得到更为确切的企业出口额回归方程。

根据 Heckman 模型的基本思路，为了保证模型能够识别，第一步的选择方程和第二步的主方程中的变量至少有一个不同。刘修岩等（2011）、陈旭等（2016）和刘志强等（2022）使用企业上一期的出口决策作为影响出口参与但不影响出口额的变量，本章借鉴这一做法，将出口虚拟变量的滞后项加入到第一步的选择方程中，这也与前文分析地理集聚对出口决策影响的变量选择相一致。另外，除了两步法估计以外，为了分析研究结论的稳健性，本章还采用了 MLE 来估计样本选择模型。

5.2.3 估计结果分析

为了验证假设 5 的合理性，本章分别对全样本和生产率不同的子样本进行了估计。

5.2.3.1 全样本的估计

首先，分别应用 Heckman 两步法和 Heckman_mle 方法估计方程（5-3），未控制企业商业信用自身融资能力与控制商业信用融资能力的 Heckman 两步法的结果如表 5-5 中（1）列和（2）列所示，控制商业信用融资能力的 Heckman 极大似然估计结果如表 5-5 中（3）列所示。各列中地理集聚变量以及地理集聚与行业商业信用依赖度交互项的系数都不显著，表明地理集聚对企业出口额没有显著的正向影响，且地理集聚对出口额的影响也不依赖行业的商业信用依赖度。这是因为在金融发展水平较低的经济体中，平均来看，企业从集聚区中获得的商业信用融资主要用于较大比例的固定成本支付，用于可变贸易成本的比例较少，地理集聚对企业出口额几乎没有显著的影响。因为企业进入出口市场之前需要支付大量的沉没成本，其数量远远大于可变贸易成本。Das 等（2007）应用哥伦比亚企业数据，发现进入出口市场的固定成本是每年企业出口额的 18.4%~41.2%。在金融不发达的国家中，出口企业难以获得大量的金融机构的信贷资金用于克服出口固定成本，往往依赖于地理集聚区内的商业信用融资。在地理集聚程度越高的地区商业信用依赖度越高的行业内企业越容易得到商业信用融资，其中较大比例的商业信用融资用于克服出口固定成本约束，提高了企业参与国外市场的可能性，而较小比例的商业信用融资用于支付可变贸易成本，对企业出口额的影响不显著。

表 5-5　地理集聚、商业信用依赖度与出口额：全样本的估计

	(1)	(2)	(3)	(4)	(5)	(6)
	地理集聚：非农产业就业密度			地理集聚：第二产业就业密度		
	Heckman_two	Heckman_two	Heckman_mle	Heckman_two	Heckman_two	Heckman_mle
lnagglom	-0.010	-0.005	-0.004	-0.009	-0.001	-0.001
	(-0.35)	(-0.18)	(-0.15)	(-0.31)	(-0.04)	(-0.03)
lnagglom×credit	-0.074	-0.078	-0.075	-0.072	-0.033	-0.030
	(-1.01)	(-1.07)	(-1.03)	(-0.98)	(-0.51)	(-0.46)
credit	1.076***	0.735***	0.725***	1.068***	0.323	0.337
	(3.96)	(2.71)	(2.68)	(3.93)	(1.19)	(1.24)
TFP	46.682***	46.625***	46.647***	46.706***	46.626***	46.648***
	(134.64)	(134.82)	(134.92)	(134.77)	(134.82)	(134.92)
size	0.523***	0.528***	0.528***	0.523***	0.528***	0.528***
	(156.84)	(158.62)	(157.59)	(155.72)	(158.62)	(157.60)
dum_foreign	0.161***	0.161***	0.163***	0.162***	0.161***	0.163***
	(19.09)	(19.14)	(19.38)	(19.27)	(19.14)	(19.38)

续表

	(1)	(2)	(3)	(4)	(5)	(6)
	地理集聚：非农产业就业密度			地理集聚：第二产业就业密度		
	Heckman_ two	Heckman_ two	Heckman_ mle	Heckman_ two	Heckman_ two	Heckman_ mle
wage	0.003*** (12.71)	0.003*** (13.00)	0.003*** (13.41)	0.003*** (13.10)	0.003*** (12.99)	0.003*** (13.41)
lnFD	-0.672*** (-10.29)	-0.675*** (-10.37)	-0.672*** (-10.33)	-0.671*** (-10.27)	-0.677*** (-10.36)	-0.674*** (-10.32)
lnGDPPC	0.277*** (3.57)	0.271*** (3.51)	0.263*** (3.41)	0.270*** (3.48)	0.272*** (3.52)	0.264*** (3.42)
c_ firm	—	0.519*** (31.24)	0.518*** (31.20)	—	0.519*** (31.24)	0.518*** (31.20)
bank	—	0.749*** (6.11)	0.746*** (6.08)	—	0.749*** (6.11)	0.746*** (6.08)
cash	—	0.000 (0.24)	0.000 (0.11)	—	0.000 (0.24)	0.000 (0.11)
常数项	4.494*** (5.21)	4.490*** (5.20)	4.485*** (5.24)	4.476*** (5.23)	4.423*** (5.13)	4.422*** (5.17)
城市固定效应	是	是	是	是	是	是
行业固定效应	是	是	是	是	是	是
时间效应	是	是	是	是	是	是
N	559663	559657	559657	559663	559657	559657
Lambda	-0.584	-0.582	-0.559	-0.565	-0.582	-0.559
Rho	-0.451	-0.450	-0.434	-0.437	-0.451	-0.434
Chi2	1.0e+05	1.0e+05	1.0e+05	1.0e+05	1.0e+05	1.0e+05
P	0.000	0.000	0.000	0.000	0.000	0.000
Chi2_ c	—	—	7408.442	—	—	7407.638
p_ c	—	—	0.000	—	—	0.000

注：*、** 和 *** 分别表示在 10%、5%和 1%水平上显著；括号内是系数的 t 检验值。

上述结论与 Long 和 Zhang（2011）不同，Long 和 Zhang 发现在地理集聚程度高的地区，商业信用依赖度高的行业具有更大的出口额。虽然本文与 Long 和 Zhang 在变量度量以及数据选择上有所不同，在研究结论上难免存在一定的差异，但主要原因可能是研究方法的不同。对于因变量大于等于零的方程，Long 和 Zhang 应用 FE 估计并不合适①。

为了检验两个不同估计方法的差别，本章与 Long 和 Zhang（2011）相同，重新以出口强度（出口额与销售额的比值）为因变量，分别采用 OLS 与面板固定效应模型的方法估计方程（5-3），结果如表 5-6 所示。

表 5-6　采用 OLS 与 FE 方法的估计结果

	(1) OLS	(2) FE
lnagglom	-0.005** (-2.44)	0.001 (1.06)
lnagglom×credit	0.080*** (12.80)	0.024*** (4.21)
credit	0.059*** (2.68)	-0.046** (-2.29)
TFP	-1.286*** (-42.08)	-0.008 (-0.29)
size	0.058*** (186.56)	0.014*** (24.93)
dum_foreign	0.156*** (154.88)	0.004*** (5.49)
wage	0.000*** (3.98)	0.000*** (2.76)
lnFD	-0.012*** (-3.40)	0.001 (0.31)
lnpcgdp	0.036*** (8.88)	0.022*** (10.21)

① 伍德里奇．横截面与面板数据的计量经济分析［M］．北京：中国人民大学出版社，2009.

续表

	(1) OLS	(2) FE
常数项	0.755 (0.01)	-0.125*** (-3.40)
时间固定效应	是	是
行业固定效应	是	—
城市固定效应	是	—
N	946047	946047
R^2	0.755	0.100

注：*、** 和 *** 分别表示在 10%、5%和 1%水平上显著；括号内是系数的 t 检验值；因变量为出口强度（出口额/销售额）。

由表 5-6 可知，不管是采用哪种方法，地理集聚与商业信用依赖度的交互项系数在 1%的显著性水平上显著为正，说明在地理集聚程度高的地区，商业信用依赖度高的行业内企业具有更大的出口额，与 Long 和 Zhang（2011）的结论相同，同时也验证了本章使用 Heckman 方法估计的结论与 Long 和 Zhang 不同的原因，即 Long 和 Zhang 忽视了样本存在自我选择问题，从而导致估计结果的偏误。

实际上，从表 5-5 中各列结果来看，MLE 相关系数 ρ 的似然比检验统计量 Chi2_c 对应的 p 值为 0，表明 Heckman 样本选择模型是恰当的。两步法估计中逆米尔斯比率 Lambda 显著不为 0，表明原方程（5-3）存在样本选择偏误。所以，本章选择 Heckman 估计方法更为合适，研究结论更为可靠。

为了验证本章结论的稳健性，重新采用第二产业就业密度度量地理集聚程度，Heckman 估计结果如表 5-5 中（4）列至（6）列所示，依然发现地理集聚变量、地理集聚与商业信用依赖度的交互项不显著，而其他变量的符号和显著性基本未变，进一步表明，平均来看，地理集聚对企业出口额的影响不依赖于行业商业信用依赖度的大小。

从其他变量的显著性水平和系数来看，商业信用依赖度越高，企业出口额增加得越多，规模越大的企业出口额也越多，与内资企业相比，外资企业也有更大的出口额，地区经济发展水平的提高也会促进企业出口额的显著增加。但金融发展水平却降低了企业的出口额，这也是因为企业出口面临着较大的沉没成本，金融对贸易的作用主要体现在促进企业进入出口市场的可能，表 5-2 至表 5-4 中金融发展水平对企业出口决策的影响显著为正。

5.2.3.2 生产率分组回归结果

从总样本估计结果来看，地理集聚与商业信用依赖度对企业出口额没有显著的影响，根据假设 5，如果将企业分为高生产率企业和低生产率企业，那么随着地理集聚程度的提高，商业信用依赖度越高的行业内低生产率企业的出口额增加，而高生产率企业的出口额没有显著变化。

因此，为了验证假设 5，本章按照生产率水平的大小，将生产率水平位于低分位数（25%）之下的企业定义为低生产率水平企业，其余企业为高生产率企业，并采用 Heckman 两步法估计低生产率企业与高生产率企业两个子样本的方程（5-3），未控制企业本身融资能力与控制企业本身融资能力的估计结果分别如表 5-7 和表 5-8 所示。

表 5-7 Heckman 两步法分组回归：未控制自身融资能力

	(1)	(2)	(3)	(4)
	高生产率	低生产率	高生产率	低生产率
	地理集聚：非农产业就业密度		地理集聚：第二产业就业密度	
lnagglom	-0.035 (-1.06)	-0.108*** (-5.91)	-0.033 (-1.10)	-0.080*** (-4.93)
lnagglom×credit	0.077 (0.88)	0.314*** (2.68)	0.102 (1.32)	0.262** (2.53)
credit	0.752** (2.32)	-0.305 (-0.69)	1.434*** (4.42)	1.897*** (4.20)
TFP	48.780*** (107.75)	25.373*** (15.32)	48.779*** (107.75)	25.471*** (15.37)
size	0.509*** (130.85)	0.491*** (46.38)	0.509*** (130.84)	0.491*** (46.32)

续表

	(1)	(2)	(3)	(4)
	高生产率	低生产率	高生产率	低生产率
	地理集聚：非农产业就业密度		地理集聚：第二产业就业密度	
dum_foreign	0.178*** (18.10)	0.070*** (2.76)	0.178*** (18.10)	0.069*** (2.72)
wage	0.002*** (6.02)	0.014*** (12.79)	0.002*** (6.01)	0.014*** (12.77)
lnFD	-0.673*** (-8.61)	0.112*** (4.26)	-0.672*** (-8.57)	0.102*** (3.92)
lnGDPPC	0.279*** (3.09)	0.085*** (3.92)	0.278*** (3.09)	0.097*** (4.35)
常数项	4.238*** (4.07)	-11.607*** (-9.24)	4.238*** (4.07)	-11.607*** (-9.24)
城市固定效应	是	是	是	是
行业固定效应	是	是	是	是
时间效应	是	是	是	是
Mills	-0.595***	-0.626***	-0.595***	-0.628***
Lambda	(-78.83)	(-41.60)	(-78.82)	(-41.72)
N	388285	80794	388285	80794
Lambda	-0.595	-0.626	-0.595	-0.628
Rho	-0.453	-0.494	-0.453	-0.495
Chi2	7.2e+04	5154.285	7.2e+04	5131.830
P	0.000	0.000	0.000	0.000

注：*、**和***分别表示在 10%、5%和 1%水平上显著；括号内是系数的 t 检验值。

表 5-8 Heckman 两步法分组回归：控制自身融资能力

	(1)	(2)	(3)	(4)
	高生产率	低生产率	高生产率	低生产率
	地理集聚：非农产业就业密度		地理集聚：第二产业就业密度	
lnagglom	-0.031 (-0.95)	-0.101*** (-5.56)	-0.029 (-0.98)	-0.073*** (-4.49)
lnagglom×credit	0.070 (0.80)	0.229** (1.96)	0.093 (1.21)	0.178* (1.72)

续表

	(1)	(2)	(3)	(4)
	高生产率	低生产率	高生产率	低生产率
	地理集聚：非农产业就业密度		地理集聚：第二产业就业密度	
credit	0.410 (1.27)	-0.380 (-0.86)	1.033 *** (3.20)	1.184 *** (2.61)
TFP	48.820 *** (108.11)	25.458 *** (15.43)	48.819 *** (108.10)	0.520 *** (11.10)
size	0.514 *** (132.33)	0.496 *** (46.99)	0.514 *** (132.32)	1.753 *** (3.28)
dum_foreign	0.177 *** (18.08)	0.074 *** (2.92)	0.177 *** (18.08)	-0.000 (-0.20)
wage	0.002 *** (6.31)	0.014 *** (12.71)	0.002 *** (6.30)	25.561 *** (15.49)
lnFD	-0.668 *** (-8.57)	0.115 *** (4.40)	-0.667 *** (-8.53)	0.496 *** (46.91)
lnGDPPC	0.276 *** (3.07)	0.082 *** (3.79)	0.275 *** (3.07)	0.073 *** (2.87)
c_firm	0.525 *** (26.20)	0.523 *** (11.18)	0.525 *** (26.20)	0.014 *** (12.71)
bank	0.585 *** (4.17)	1.733 *** (3.25)	0.585 *** (4.17)	0.105 *** (4.03)
cash	0.001 (1.36)	-0.000 (-0.22)	0.001 (1.36)	0.094 *** (4.22)
常数项	4.238 *** (4.07)	-11.553 *** (-9.19)	4.200 *** (4.04)	-11.553 *** (-9.19)
城市固定效应	是	是	是	是
行业固定效应	是	是	是	是
时间效应	是	是	是	是
Mills	-0.595 ***	-0.626 ***	-0.592 ***	-0.625 ***
Lambda	(-78.83)	(-41.60)	(-78.60)	(-41.69)
N	388285	80794	388285	80794

续表

	(1)	(2)	(3)	(4)
	高生产率	低生产率	高生产率	低生产率
	地理集聚：非农产业就业密度		地理集聚：第二产业就业密度	
Lambda	-0.595	-0.626	-0.592	-0.625
Rho	-0.453	-0.494	-0.452	-0.495
Chi2	7.2e+04	5154.285	7.3e+04	5300.183
P	0.000	0.000	0.000	0.000

注：*、**和***分别表示在10%、5%和1%水平上显著；括号内是系数的t检验值。

由表5-7和表5-8可知，不管是用非农产业就业密度还是用第二产业就业密度度量地理集聚程度，Heckman两步法与极大似然估计的结果基本相似，即对于低生产率企业来说，地理集聚与商业信用依赖度交互项（lnagglom×credit）的系数都显著为正，说明在地理集聚越高的地区，商业信用依赖度越高的行业内低生产率企业出口额越大。可是对于高生产率企业，交互项的系数不显著，表明随着地理集聚程度的提高，商业信用依赖度高的行业内高生产率企业的出口额没有显著变化。验证了假设5的合理性。主要原因在于，随着地理集聚程度的提高，商业信用依赖度高的行业内低生产率企业可以获得更多的商业信用融资，从而这些企业可以有更大比例的商业信用融资用于支付出口可变成本，增加出口额。但是，由于高生产率出口企业的盈利能力较强，能够支付供应商所要求偿还的货款，从而可以得到足够的商业信用融资克服出口固定成本与可变成本的约束，实现无融资约束下的最优出口额，因此，地区地理集聚程度以及商业信用依赖度对其出口额并不会产生显著的影响。

此外，本章还采用Heckman极大似然估计法重新估计了低生产率企业与高生产率企业两个子样本，未控制企业本身融资能力与控制企业本身融资能力的估计结果分别如表5-9和表5-10所示，地理集聚与商业信用依赖度的交互项系数依然显著为正，而其他变量的系数和显著性也基本未变，进一步支持了假设5。

表 5-9　Heckman 极大似然估计分组回归：未控制自身融资能力

	(1)	(2)	(3)	(4)
	高生产率	低生产率	高生产率	低生产率
	地理集聚：非农产业就业密度		地理集聚：第二产业就业密度	
lnagglom	-0.033	-0.111***	-0.032	-0.082***
	(-1.00)	(-6.03)	(-1.06)	(-4.97)
lnagglom×credit	0.075	0.314***	0.100	0.258**
	(0.86)	(2.66)	(1.30)	(2.47)
credit	0.751**	-0.269	1.420***	1.916***
	(2.32)	(-0.61)	(4.39)	(4.21)
TFP	48.884***	25.176***	48.883***	25.278***
	(108.01)	(15.15)	(108.01)	(15.20)
size	0.507***	0.499***	0.507***	0.499***
	(128.90)	(47.04)	(128.90)	(46.98)
dum_foreign	0.177***	0.080***	0.177***	0.079***
	(18.02)	(3.15)	(18.01)	(3.11)
wage	0.002***	0.015***	0.002***	0.015***
	(6.23)	(13.14)	(6.22)	(13.13)
lnFD	-0.682***	0.113***	-0.681***	0.103***
	(-8.72)	(4.29)	(-8.68)	(3.93)
lnGDPPC	0.275***	0.097***	0.274***	0.109***
	(3.05)	(4.43)	(3.04)	(4.86)
常数项	-13.508***	-11.089***	4.123***	-11.077***
	(-25.93)	(-8.93)	(4.00)	(-8.92)
城市固定效应	是	是	是	是
行业固定效应	是	是	是	是
时间效应	是	是	是	是
Mills	0.273***	0.234***	0.273***	0.234***
Lambda	(129.96)	(44.93)	(129.95)	(45.06)
N	388285	80794	388285	80794
Lambda	-0.591	-0.559	-0.591	-0.560
Rho	-0.450	-0.442	-0.450	-0.443

续表

	(1)	(2)	(3)	(4)
	高生产率	低生产率	高生产率	低生产率
	地理集聚：非农产业就业密度		地理集聚：第二产业就业密度	
Chi2	7.1e+04	5216.902	7.1e+04	5192.810
P	0.000	0.000	0.000	0.000

注：*、**和***分别表示在 10%、5%和 1%水平上显著；括号内是系数的 t 检验值。

表 5-10　Heckman 极大似然估计分组回归：控制自身融资能力

	(1)	(2)	(3)	(4)
	高生产率	低生产率	高生产率	低生产率
	地理集聚：非农产业就业密度		地理集聚：第二产业就业密度	
lnagglom	-0.029 (-0.89)	-0.104*** (-5.69)	-0.028 (-0.95)	-0.074*** (-4.54)
lnagglom×credit	0.068 (0.79)	0.230* (1.95)	0.092 (1.20)	0.175* (1.67)
credit	0.411 (1.27)	-0.354 (-0.80)	1.023*** (3.17)	1.199*** (2.62)
TFP	48.915*** (108.33)	25.255*** (15.25)	48.914*** (108.33)	25.363*** (15.31)
size	0.512*** (130.50)	0.504*** (47.64)	0.512*** (130.49)	0.504*** (47.56)
dum_foreign	0.177*** (18.06)	0.084*** (3.31)	0.177*** (18.05)	0.083*** (3.26)
wage	0.002*** (6.54)	0.014*** (13.07)	0.002*** (6.53)	0.014*** (13.06)
lnFD	-0.674*** (-8.65)	0.116*** (4.41)	-0.673*** (-8.61)	0.106*** (4.04)
lnGDPPC	0.271*** (3.02)	0.094*** (4.30)	0.270*** (3.01)	0.106*** (4.73)
c_firm	0.523*** (26.06)	0.530*** (11.30)	0.523*** (26.06)	0.527*** (11.22)

续表

	(1)	(2)	(3)	(4)
	高生产率	低生产率	高生产率	低生产率
	地理集聚：非农产业就业密度		地理集聚：第二产业就业密度	
bank	0.574*** (4.09)	1.770*** (3.29)	0.574*** (4.09)	1.791*** (3.33)
cash	0.001 (1.27)	-0.000 (-0.27)	0.001 (1.27)	-0.000 (-0.25)
常数项	4.108*** (3.98)	-11.007*** (-8.85)	4.123*** (4.00)	-10.995*** (-8.84)
城市固定效应	是	是	是	是
行业固定效应	是	是	是	是
时间效应	是	是	是	是
Mills	0.269***	0.230***	0.269***	0.230***
Lambda	(128.26)	(44.15)	(128.25)	(44.29)
N	388285	80794	388285	80794
Lambda	-0.584	-0.557	-0.584	-0.558
Rho	-0.446	-0.442	-0.446	-0.443
Chi2	7.2e+04	5389.026	7.2e+04	5362.592
P	0.000	0.000	0.000	0.000

注：*、**和***分别表示在10%、5%和1%水平上显著；括号内是系数的t检验值。

5.3 银行信贷约束、商业信用融资与企业出口行为

由前文分析结果可知，企业自身的融资能力也会影响到企业的出口行为，尤其是商业信用融资程度显著影响了企业的出口决策与出口额。由于在金融市场不健全的经济体中，企业商业信用融资程度还会受到银行信贷

约束的影响，所以，需要进一步分析商业信用融资的出口作用与银行信贷约束的关系，以及在高低地理集聚地区上的差异。

5.3.1 理论基础

作为一种重要的非正规融资方式，商业信用在金融市场不健全的发展中国家与经济转型国家中，被大量企业广泛应用（Coricelli，1996；Fisman 和 Love，2003；Ge 和 Qiu，2007；李泽广和覃家琦，2020；毛其淋和钟一鸣，2023）。因为在这些经济体中，信贷配给现象普遍存在，大量企业无法获得充足的银行贷款，在银行信贷约束较高的情况下只能求助于供应商向其提供商业信用（Petersen 和 Rajan，1997；石晓军和李杰，2009；Lin 和 Chou，2015；毛其淋和钟一鸣，2023）。

由于企业的融资状况显著影响企业的出口，融资约束程度越高的企业出口的可能性越低（Berman 和 Héricourt，2010；Minetti 和 Zhu，2011；Manova，2013）。但是，现有的大量文献主要从银行信贷等正规融资的角度分析融资约束与出口的关系。作为缓解企业融资约束的重要融资渠道，商业信用对出口的作用只是近几年才受到有些学者的关注（韩剑和张凌，2012；Wang，2015；范小云和董二磊，2015；陈志红和李健，2020；毛其淋和钟一鸣，2023）。但是，在不完善的金融体系下，商业信用融资会受到银行信贷约束的影响（王彦超和林斌，2008；Huang 等，2008；张帆，2022；黄允爵和叶德珠，2024）。而现有研究缺乏分析商业信用融资的出口作用与银行信贷约束的关系。因此，如果分析商业信用对企业出口行为的作用与大小，需要充分考虑商业信用的出口促进作用随银行信贷约束的变化情况。

此外，许多研究还表明，企业商业信用的融资程度还与其所处地区的集聚程度密切相关，如 Otatti（1994）研究发现在产业区内集聚所形成的企业网络和关联交易推动了商业信用的发展，商业信用成为产业区内企业运营资金的重要来源之一；王永进和盛丹（2013）发现，在地理集聚程度越高的地区，企业获得的商业信用也越多。另外，企业的银行信贷约束程度也会受到地理集聚的影响。例如，Russo 和 Rossi（2001）发现，在集聚程度较低的意大利南部，企业在融资过程中要比地理集聚程度高的北中部地区的企业支付更高的利息率和面临更为严重的银行信贷约束。因此，很有必要区分地理集聚程度的差异对商业信用融资出口作用的影响，以及地理集聚程度差异导致的银行信贷约束差异对商业信用融资出口作用的影响。然而，现有文献也缺乏地理集聚对企业商业信用出口作用的研究，以及缺乏分析在不同地理集聚地区，银行信贷约束对商业信用融资出口作用的影响。

为此，本书利用 2004~2007 年中国工业企业数据库和 286 个相关城市数据，充分考虑到企业商业信用融资会受到银行信贷约束的影响，以及商业信用融资、银行信贷约束与地理集聚的关系，着重研究了商业信用融资对企业出口行为的作用，并进一步研究了商业信用的出口作用随地理集聚的变化情况以及银行信贷约束对商业信用融资出口作用的影响。

5.3.2 模型设定与变量说明

企业的出口行为包括企业出口决策与企业出口额。首先建立商业信用融资与企业出口决策的计量方程。为了分析商业信用融资对企业出口决策的影响，以及这种影响随银行信贷约束的变化情况，借鉴 Greenaway 等（2007）、Berman 和 Héricourt（2010）分析企业出口决策的二元选择模型，建立基本方程式：

$$dum\_export_{ijct} = \beta_0 + \beta_1 credit\_frim_{ict-1} + \beta_2 bank_{ict-1} + \beta_2 credit\_firm_{ict-1} \times bank_{ict-1} + \beta_4 firm_{ict-1} + \delta_j + \eta_c + \gamma_t + \varepsilon_{ijct} \quad (5-4)$$

其中，i、j、c、t 分别表示企业、行业、地区和时间；δ_j 表示四位码行业固定效应，控制影响企业出口可能性的行业固定因素，如不同行业的技术水平、外部融资依赖度、行业的平均商业信用依赖度等；η_c 表示地区固定效应，控制影响企业出口可能性的地区固定因素，如企业所处地区是否是沿海地区、是否是出口企业集聚地区等；γ_t 表示时间固定效应，控制宏观经济波动对企业出口可能性的影响；ε_{ijct} 表示随机扰动项。为了避免解释变量和随机扰动项可能存在相关性而对估计结果产生影响，本部分对方程（5-4）中的所有解释变量进行滞后一期处理。

因变量 dum_ export 是虚拟变量，反映企业是否参与出口。export 是企业的出口交货值，如果 export=0，则 dum_ export=0，否则为 1。

变量 credit_ firm 表示企业的商业信用融资规模。选用大多数文献都应用的指标即应付账款在总资产中所占比重衡量（Fisman 和 Love，2003；Guariglia 和 Mateut，2006；Ge 和 Qiu，2007）。这个度量指标表明，比率越大，商业信用融资程度越高。由于在金融不健全的经济体中，企业难以得到大量的银行信贷资金克服出口固定成本约束，所以，商业信用融资规模越大的企业，出口的可能性也越高，预期 $\beta_1>0$。

借鉴 Russo 和 Rossi（2001）的研究，可用利息率度量银行信贷约束的程度，企业支付的利息率越高，在一定程度上表明受到的银行信贷约束就越强。一般来说，企业向银行贷款需要一定的资产做抵押。为了与企业商业信贷融资程度指标相对应与比较，本部分使用企业的利息总支出在总资产中的比重度量利息率的大小，并作为银行信贷约束指标（bank）的代理变量。该比值越大，表明抵押的单位资产支付的利息较高，银行信贷约束较大，从而企业出口可能性就较小，预期 $\beta_2<0$。

在金融市场不完备的经济体中，企业难以得到大量的信贷资金，往往使用商业信用缓解融资约束，也就是说，商业信用融资与银行信贷在缓解企业融资约束上存在替代关系。当银行信贷约束越强时，商业信用融资的增加对出口的促进作用会越大，所以，预期商业信用与银行信贷约束交互项系数 credit_ firm×bank>0。

变量 firm 指其他影响出口决定的企业特征变量，包括内部融资、生产率、企业规模、劳动力质量、上一期企业是否出口、企业所有制性质等。选取这些变量的主要原因是，由于企业的融资主要有内部融资与外部融资，内部融资是企业自身所产生的资金，外部融资主要有正规银行信贷与非正规商业信用。为了准确识别商业信用对企业出口参与的作用，需要在方程（5-4）中控制其他类型的融资对出口的影响。借鉴 Guariglia 和

Mateut（2006）的研究，本部分使用经营活动产生的现金流与总资产的比值表示内部融资（cash），该比值越大，说明企业对自身现金流的支配能力较强，内部融资程度较高。此外，根据新新贸易理论，国内外大量文献研究表明，生产率（TFP）、企业规模（size）、劳动力质量（wage）均是影响企业出口的重要变量，生产率越高、企业规模越大、劳动力质量越高，企业越有可能出口，上一期已出口（L. dum_ export）的企业，在本期出口的可能性较大，因此，还需要在方程（5-4）中引入这些变量以控制这些因素对出口决策的影响。在生产率选择上，借鉴现有多数文献的研究，我们采用企业的全要素生产率 TFP，并用 Levinsohn 和 Amil（2003）方法估计，即将中间投入作为资本存量的状态变量，同时，采用 Brandt 等（2012）的缩减指数对工业增加值、资本存量、中间产品投入等货币变量进行缩减处理，从而得到一致的生产率估计量。用企业平均就业人员的对数值度量企业规模；用平均工资（应付工资总额/就业人员数）作为劳动力质量的代理变量（Bernard 和 Jensen，2004）。本部分主要根据企业的登记注册类型，将企业分为外资企业和内资企业。并设定虚拟变量 dum_ foreign 反映这两种所有制的类别。当 dum_ foretign = 1 时，企业为外资企业；当 dum_ foreign = 0 时，企业为内资企业。

为了分析商业信用融资对企业出口额的影响，以及这种影响随银行信贷约束的变化情况，设定基本估计方程式：

$$\text{lnexport}_{ijct} = \beta_0 + \beta_1 \text{credit\_frim}_{ict-1} + \beta_2 \text{bank}_{ict-1} + \beta_2 \text{credit\_firm}_{ict-1} \times \text{bank}_{ict-1} + \beta_4 \text{firm}_{ict-1} + \delta_j + \eta_c + \gamma_t + \varepsilon_{ijc_t} \quad (5-5)$$

其中，lnexport_{ijct} 表示企业出口交货值的对数，其他解释变量的含义与方程（5-4）相同。

5.3.3 数据来源与基本描述统计

数据来源于 2004~2007 年中国工业企业数据库与历年《中国城市年鉴》的城市数据。总样本、低地理集聚城市子样本、高地理集聚城市子样本的主要变量描述统计如表 5-11 所示。

表 5-11　主要变量的描述统计

变量	观测值	均值	标准差	最小值	最大值
全样本					
Export_ dum	318684	0. 276	0. 447	0. 000	1. 000
lnexport	88018	9. 670	1. 644	0. 000	196. 014
L. credit	139175	0. 149	0. 175	0. 000	4. 343
L. bank	139175	0. 014	0. 036	0. 000	4. 640
L. TFP	139175	1. 058	0. 012	0. 985	1. 175
L. cash	139175	0. 017	0. 225	0. 000	39. 054
L. wage	139175	13. 862	9. 619	0. 000	686. 667
L. size	139175	4. 695	0. 979	2. 303	10. 475
L. dum_ foreign	139175	0. 098	0. 298	0. 000	1. 000
L. export_ dum	139175	0. 299	0. 458	0. 000	1. 000
低集聚城市					
Export_ dum	176810	0. 252	0. 434	0. 000	1. 000
lnexport	44545	9. 660	1. 610	0. 000	17. 137
L. credit	76573	0. 149	0. 175	0. 000	4. 343
L. bank	76573	0. 015	0. 041	0. 000	4. 640
L. TFP	76573	1. 057	0. 012	0. 986	1. 135
L. cash	76573	0. 016	0. 204	0. 000	16. 901
L. wage	76573	13. 678	9. 022	0. 344	198. 226
L. size	76573	4. 659	0. 963	2. 303	10. 463
L. dum_ foreign	76573	0. 095	0. 293	0. 000	1. 000
高集聚城市					
Export_ dum	141874	0. 306	0. 461	0. 000	1. 000
lnexport	43473	9. 680	1. 678	0. 000	19. 014
L. credit	62602	0. 149	0. 174	0. 000	2. 276
L. bank	62602	0. 014	0. 030	0. 000	1. 538
L. TFP	62602	1. 058	0. 012	0. 985	1. 175
L. cash	62602	0. 017	0. 248	0. 000	39. 055
L. wage	62602	14. 088	10. 297	0. 000	686. 667
L. size	62602	4. 738	0. 997	2. 3026	10. 475
L. dum_ foreign	62602	0. 103	0. 304	0. 000	1. 000

从低地理集聚与高地理集聚两个子样本的对比中发现，虽然两个子样本中各变量的均值差异不大，但最大值差异较大。如商业信用融资变量，两个子样本中的均值相同，但在低地理集聚子样本中，企业商业信用融资的最大值为 4.343，银行信贷约束最高达 4.640，而高地理集聚子样本中商业信用融资最大值为 2.276，银行信贷约束最大值仅为 1.538。由此可见，在低地理集聚地区，有些企业面临更为严重的银行信贷约束，并且有些企业更加依赖于商业信用融资。

平均来看，与低地理集聚子样本相比，高地理集聚子样本中出口企业数目更多，企业出口额较大，企业规模、生产率与平均工资都较大，外资企业也较多。

5.3.4 实证方法

由于因变量企业出口与否是二值选择变量，选择 probit 方法估计方程（5-4）较为合适，这在研究企业出口决策的文献中得到了广泛应用（Bernard 和 Jenson，2004；Greenaway 等，2007；Minetti 和 Zhu，2011；蒲阿丽等，2022）。因此，主要应用 Probit 方法估计方程（5-4）。

由于被解释变量是企业出口交货值的对数，对于大量出口交货值为零的观测值，取对数后会产生缺漏值。如果采用 OLS 或 FE 等估计方法估计方程（5-5），那么只有出口交货值大于零观测值的样本才能进入回归，这样就产生了样本自我选择偏误问题，估计结果必然是有偏的。因此，采用处理了样本选择偏误的 Heckman 模型估计。同样，为了保证模型能够识别，第一步的选择方程和第二步的主方程中的变量至少有一个不同，将出口虚拟变量的滞后项加入到第一步的选择方程中，结果方程（5-5）不包含出口虚拟变量的滞后项。这也与前文分析地理集聚对出口决定影响的变量选择相一致，另外，除了 Heckman 两步法估计以外，为了分析研究结论的稳健性，还采用了 Heckman_mle 来估计方程（5-5）。

5.3.5 实证检验与结果分析

5.3.5.1 地理集聚、商业信用融资异质性与企业出口决策

（1）商业信用融资对企业出口决策的影响。

首先，应用 Probit 方法对不含交互项的方程（5-4）进行估计，结果如表 5-12 所示，（1）列是没有控制城市固定效应的估计结果，（2）列是没有控制行业固定效应的估计结果，（3）列是没有控制银行信贷约束的估计结果，（4）列是控制了所有变量的估计结果。

表 5-12 商业信用融资对企业出口决策影响的估计结果

	(1)	(2)	(3)	(4)
	Dum_export	Dum_export	Dum_export	Dum_export
L. credit_firm	0.168*** (8.92)	0.211*** (10.98)	0.166*** (8.31)	0.164*** (8.23)
L. bank	-0.246* (-1.86)	-0.344** (-2.42)	—	-0.226 (-1.58)
L. cash	-0.021** (-2.25)	0.002 (0.22)	-0.005 (-0.57)	-0.005 (-0.53)
L. TFP	-4.340*** (-11.44)	-2.666*** (-8.48)	-2.371*** (-5.80)	-2.330*** (-5.69)
L. wage	0.007*** (21.11)	0.005*** (13.29)	0.006*** (17.08)	0.006*** (17.06)
L. size	0.201*** (52.12)	0.222*** (58.81)	0.234*** (57.13)	0.234*** (57.14)
L. dum_foreign	0.248*** (22.97)	0.307*** (28.09)	0.286*** (25.56)	0.286*** (25.52)
L. export_dum	2.293*** (320.84)	2.348*** (330.60)	2.201*** (297.27)	2.201*** (297.27)
常数项	2.066*** (5.21)	-0.986 (-1.42)	-1.208 (-1.62)	-1.250* (-1.68)
城市固定效应	否	是	是	是

续表

	(1)	(2)	(3)	(4)
	Dum_ export	Dum_ export	Dum_ export	Dum_ export
行业固定效应	是	否	是	是
时间效应	是	是	是	是
N	318684	318146	318066	318066
伪 R^2	0.560	0.562	0.578	0.578

注：*、** 和 *** 分别表示在 10%、5%和 1%水平上显著；括号内是系数的 t 检验值。

从各列结果来看，商业信用融资的系数均在 1%的显著性水平上显著为正，说明了商业信用融资水平的增加能够显著促进企业出口的可能性。对比各列结果，还可以发现，（1）列、（2）列结果中，当没有控制行业固定效应与地区固定效应变量时，银行信贷约束系数显著为负，但一旦控制行业和地区固定效应（见表 5-12 中（4）列），银行信贷约束不再显著，这说明了银行信贷具有明显的地区和行业差异性，比如在金融发展程度高的地区以及垄断性的行业，企业的银行信贷约束可能较低。但不管是哪种估计，银行信贷系数始终为负，表明银行信贷约束程度的提高，有减小企业出口可能性的倾向。

从其他变量的显著性来看，综合各列结果，生产率越高的企业，出口的可能性越小，说明了中国企业的出口存在“生产率悖论”，既有大量的低生产率企业出口到国外市场（Lu，2010；何暑子等，2022）。规模越大的企业越有可能出口；相比内资企业，外资企业出口的可能性更大；上一期已出口的企业在本期出口的可能性更大，这也说明了出口固定成本对企业出口可能性具有显著影响，这也与现有多数文献的研究结论一致。

（2）在不同类型地理集聚城市上的差异。

许多研究表明，企业使用商业信用的程度与所处地区的地理集聚程度有关，在地理集聚程度越高的地区，企业使用商业信用的规模就越大。如 Otatti（1994）研究发现在产业区内集聚所形成的企业网络和关联交易推动了商业信用的发展，商业信用成为产业区内企业营运资金的重要来源之一。王永进和盛丹（2013）运用中国工业企业数据，研究表明地理集聚促进了企业间的商业信用，地理集聚程度的提高促进了企业应付账款数量的提高，即增大了企业商业信用融资的程度。

由前文分析得出，企业商业信用融资具有显著的出口倾向促进作用，这种促进作用的大小也可能取决于所处地区的地理集聚程度。理论上分析，相对于地理集聚程度较低的地区，在地理集聚程度越高的地区，企业更容易从邻近企业中获得商业信用融资，从而提高企业出口的可能性。

为了验证这个理论预期的合理性，本书按地理集聚水平把城市划分为高地理集聚城市和低地理集聚城市，地理集聚水平高于均值的城市为高地理集聚城市，低于均值的城市为低地理集聚城市，并设虚拟变量 dum_ agglom=1 时为高地理集聚城市，dum_ agglom=0 时为低地理集聚城市。虚拟变量 dum_ agglom 与商业信用融资 credit_ firm 相乘构成交互项，放入不含交互项的方程（5-4）中，设定的检验方程（5-6）如下：

$$dum\_export_{ijct}=\beta_0+\beta_1 credit\_frim_{ict-1}+\beta_2 bank_{ict-1}+\beta_3 credit\_firm_{ict-1}\times dum\_agglom_{ic}+\beta_4 firm_{ict-1}+\delta_j+\eta_c+\gamma_t+\varepsilon_{ijct} \quad (5-6)$$

采用 probit 方法估计方程（5-6），结果如表 5-13 所示。

表 5-13 商业信用融资的出口决策作用在不同类型地理集聚城市上的差异

	(1)	(2)	(3)	(4)
	全样本	全样本	未出口企业	已出口企业
			L. export_ dum=0	L. export_ dum=1
L. credit_ firm	0. 067** (2. 40)	0. 066** (2. 35)	0. 122*** (3. 10)	0. 049 (1. 14)
dum_ agglo× cridit_ firm	0. 188*** (5. 06)	0. 188*** (5. 06)	0. 148*** (2. 81)	0. 034 (0. 59)
L. bank	—	-0. 225 (-1. 57)	-0. 657*** (-3. 04)	0. 402* (1. 67)
L. TFP	-2. 339*** (-5. 72)	-2. 299*** (-5. 61)	-2. 912*** (-5. 10)	0. 547 (0. 83)

续表

	(1)	(2)	(3)	(4)
	全样本	全样本	未出口企业	已出口企业
			L. export_ dum=0	L. export_ dum=1
L. cash	-0.005 (-0.57)	-0.005 (-0.52)	-0.009 (-0.73)	-0.011 (-0.75)
L. wage	0.006*** (17.13)	0.006*** (17.11)	0.005*** (9.66)	0.006*** (9.51)
L. size	0.234*** (57.10)	0.234*** (57.11)	0.193*** (32.28)	0.242*** (37.65)
L. dum_ foreign	0.286*** (25.58)	0.286*** (25.53)	0.359*** (20.99)	0.244*** (15.14)
L. export_ dum	2.201*** (297.26)	2.201*** (297.26)	—	—
常数项	-1.230* (-1.64)	-1.271* (-1.70)	0.396 (0.64)	-0.948 (-1.30)
城市固定效应	是	是	是	是
行业固定效应	是	是	是	是
时间效应	是	是	是	是
N	318066	318066	224251	90687
伪 R^2	0.578	0.578	0.199	0.205

注：*、**和***分别表示在10%、5%和1%水平上显著；括号内是系数的t检验值。

表5-13中（1）列是没有控制银行信贷约束变量的估计结果，（2）列是控制银行信贷约束的估计结果，两列结果中商业信用融资的系数在5%的显著性水平上显著为正，商业信用融资与地理集聚虚拟变量交互项的系数也在1%的显著性水平上显著为正，表明商业信用融资对出口可能性具有正向促进作用，且在高地理集聚城市中这种正向作用更为显著。很显然，高地理集聚城市中较高的集聚水平促进了企业商业信用融资规模的增大，从而促进了商业信用融资对出口可能性的正向作用。

为了进一步研究上述结论的稳健性与地理集聚对商业信用融资的出口

作用在不同类型企业之间的差异，本部分将全样本分为上一年未出口企业与已出口企业两个子样本，重新估计方程（5-6），结果如表 5-13 中的（3）列和（4）列所示。显然，从（3）列与（4）列的商业信用系数、商业信用与地理集聚交互项的系数可以看出，在 1%的显著性水平上，商业信用融资程度的提升显著提高了上一年未出口企业在本年出口的可能性，并且在地理集聚程度高的地区，商业信用融资的出口促进作用更为显著。商业信用融资对上一年已出口企业在本年再出口倾向没有显著影响，而且也不受地理集聚程度的影响。这是因为，企业在进入出口市场之前需要支付大量的沉没成本，而企业出口后再支付每一期出口的固定成本较低。Das（2007）应用哥伦比亚企业数据，发现进入出口市场的沉没成本是每年企业出口额的 18.4%~41.2%，而企业连续出口的固定成本大约是出口额的 1%。在中国金融市场体系的背景下，相对于已出口的企业，未出口企业面临更大的出口风险，更难获得大量的金融机构的信贷资金用于克服出口沉没成本，更加依赖于地理集聚区内的商业信用融资。所以，地理集聚对未出口企业的商业信用融资促进作用更为显著。

5.3.5.2　地理集聚、银行信贷约束与商业信用融资的出口决策作用

（1）银行信贷约束对商业信用融资出口决策作用的影响。

为了分析银行信贷约束对商业信用融资出口作用的影响，用 Probit 方法估计方程（5-4），估计结果如表 5-14 所示。

表 5-14　银行信贷约束对商业信用融资的出口决策作用的影响

	(1)	(2)	(3)	(4)
	Dum_ export	Dum_ export	Dum_ export	Dum_ export
L. credit	0. 152***	0. 196***	0. 163***	0. 145***
	(7. 65)	(9. 59)	(7. 78)	(6. 86)
L. credit_ bank	1. 794**	1. 716**	2. 263***	2. 230***
	(2. 45)	(2. 22)	(2. 95)	(2. 89)
L. bank	−0. 473***	−0. 564***	−0. 515***	−0. 512***
	(−2. 86)	(−3. 20)	(−2. 89)	(−2. 86)

续表

	(1)	(2)	(3)	(4)
	Dum_export	Dum_export	Dum_export	Dum_export
L. TFP	-4.333***	-2.659***	-2.672***	-2.319***
	(-11.42)	(-8.46)	(-6.54)	(-5.66)
L. cash	-0.021**	0.002	-0.008	-0.005
	(-2.27)	(0.19)	(-0.82)	(-0.56)
L. wage	0.007***	0.005***	0.005***	0.006***
	(21.13)	(13.29)	(13.58)	(17.06)
L. size	0.201***	0.222***	0.231***	0.234***
	(52.12)	(58.80)	(56.53)	(57.13)
L. dum_foreign	0.248***	0.308***	0.287***	0.286***
	(22.98)	(28.09)	(25.52)	(25.52)
L. export_dum	2.293***	2.348***	2.197***	2.201***
	(320.83)	(330.60)	(297.70)	(297.27)
常数项	2.061***	-0.991	-0.765	-1.257*
	(5.20)	(-1.43)	(-1.01)	(-1.69)
行业固定效应	是	否	是	是
城市固定效应	否	是	是	是
时间效应	是	是	否	是
N	318146	318684	318066	318066
伪 R^2	0.562	0.560	0.576	0.578

注：*、**和***分别表示在10%、5%和1%水平上显著；括号内是系数的t检验值。

表5-14中（1）列和（2）列分别是没有控制城市固定效应和行业固定效应的估计结果，（3）列是没有控制时间效应的估计结果，（4）列是控制所有变量的估计结果。显然前两列中交互项的系数估计值与后两列差异很大，说明银行信贷约束对商业信用融资的出口作用受到行业和城市固定效应的影响较大，而（3）列和（4）列中交互项系数估计值差异不大，说明银行信贷约束对商业信用融资的出口作用是相对稳定的，并没有显著受到外部宏观环境变化的影响。

各列结果均表明，商业信用融资变量的系数显著为正、商业信用融资与银行信贷约束交互项的系数也始终显著为正，尤其当控制了外部宏观环境变化对出口的影响以及控制了行业与城市之间的差异后，商业信用融资变量以及交互项系数均在1%的显著性水平上显著为正（见表5-14中（4）列），说明商业信用融资的出口促进作用受到银行信贷约束的影响，对银行信贷约束高的企业，商业信用融资程度的增加显著促进了企业出口可能性。这也意味着，对于银行信贷约束高的企业在难以得到足够银行信贷资金的情况下，主要依靠商业信用融资缓解融资约束与出口固定成本约束，从而参与国外市场。

（2）在不同类型地理集聚城市上的差异。

企业的银行信贷约束程度会受到所处地区地理集聚的影响。在地理集聚程度低的地区，企业会支付较高的利息和面临较为严重的银行信贷约束（Russo 和 Rossi，2001）。可见，地理集聚程度的差异会导致银行信贷约束的差异，从而导致银行信贷约束对商业信用融资出口作用的不同。理论上分析，相对于高地理集聚地区，在低地理集聚地区，由于企业面临更为严重的银行信贷约束，更加依赖商业信用融资缓解融资约束，从而商业信用融资在出口可能性上的促进作用更强。为了验证上述理论预期的合理性，本部分分别估计了低地理集聚城市与高地理集聚城市子样本下的方程（5-4），结果如表5-15所示。

表5-15 银行信贷约束对商业信用融资出口决策作用的城市差异

	（1）	（2）	（3）	（4）
	低地理集聚	高地理集聚	低地理集聚	高地理集聚
L. credit	0.156***	0.234***	0.115***	0.166***
	（5.07）	（8.47）	（3.60）	（5.85）
L. credit_ bank	3.265***	0.240	3.732***	1.008
	（2.94）	（0.22）	（3.34）	（0.93）
L. bank	-1.292***	0.017	-1.288***	0.031
	（-4.76）	（0.07）	（-4.64）	（0.13）

续表

	(1)	(2)	(3)	(4)
	低地理集聚	高地理集聚	低地理集聚	高地理集聚
L. TFP	-2.464***	-2.729***	-1.183*	-3.096***
	(-5.16)	(-6.52)	(-1.89)	(-5.65)
L. cash	0.001	0.002	-0.007	-0.004
	(0.10)	(0.16)	(-0.51)	(-0.35)
L. wage	0.004***	0.006***	0.005***	0.007***
	(6.63)	(12.10)	(9.19)	(14.89)
L. size	0.232***	0.214***	0.251***	0.225***
	(40.50)	(42.45)	(40.03)	(41.07)
L. dum_foreign	0.304***	0.312***	0.283***	0.288***
	(17.73)	(21.85)	(16.09)	(19.70)
L. export_dum	2.419***	2.301***	2.252***	2.166***
	(222.51)	(244.18)	(196.90)	(220.34)
常数项	-1.220	-0.329	-2.484***	0.119
	(-1.53)	(-0.67)	(-2.71)	(0.19)
城市固定效应	是	是	是	是
行业固定效应	否	否	是	是
时间效应	是	是	是	是
N	153690	164444	153506	164313
伪 R^2	0.582	0.541	0.600	0.558

注：*、**和***分别表示在10%、5%和1%水平上显著；括号内是系数的t检验值。

表5-14中（1）列和（2）列是没有控制行业固定效应的估计结果，（3）列和（4）列是控制了行业固定效应的估计结果。从（1）列和（3）列结果来看，不管是否考虑行业差异对企业出口的影响，在低地理集聚地区，在1%的显著性水平上，商业信用的系数显著为正，商业信用与银行信贷约束交互项的系数显著为正。这说明低地理集聚地区中的企业主要依靠商业信用融资克服出口固定成本约束而参与出口，而且商业信用融资的出口促进作用和企业的银行信贷约束程度有关，银行信贷约束越

大，商业信用融资的出口促进作用就越大。从（2）列和（4）列结果来看，在高地理集聚地区，商业信用系数在1%的显著性水平上显著为正，仍然表明商业信用融资显著促进企业出口的重要变量。但由于银行信贷约束与商业信用融资交互项的系数不显著，意味着在地理集聚程度高的地区商业信用融资的出口促进作用并没有受到银行信贷约束的影响。

此外，对比不同地理集聚城市中银行信贷约束对出口的作用，发现在高地理集聚城市，银行信贷约束并没有影响到企业出口；相反，在低地理集聚城市，银行信贷约束显著制约了企业的出口，说明在低地理集聚地区，更为严重的银行信贷约束阻碍了企业出口的可能。

5.3.5.3　地理集聚、商业信用融资异质性与企业出口额

应用Heckman两步法和Heckman_mle方法估计商业信用融资对企业出口额的影响，以及商业信用融资对出口额的影响在高低地理集聚城市上的差异。方程（5-5）的估计结果如表5-16所示。从各列结果来看，MLE相关系数ρ的似然比检验Chi2_c对应的p值为0，表明Heckman样本选择模型是恰当的。两步法估计中逆米尔斯比率Lambda显著不为0，表明估计方程存在样本选择偏误。

表5-16　地理集聚、商业信用融资与出口额

	(1)	(2)	(3)	(4)
	Heckman_mle	Heckman_two	Heckman_mle	Heckman_two
L. credit	0.333***	0.331***	0.252***	0.251***
	(14.32)	(14.24)	(7.56)	(7.51)
Dum_agglo_lcredit	—	—	0.172***	0.174***
			(4.70)	(4.75)
L. bank	0.224	0.224	0.226	0.225
	(1.12)	(1.12)	(1.13)	(1.13)
L. TFP	42.585***	42.621***	42.604***	42.641***
	(86.54)	(86.65)	(86.58)	(86.69)

续表

	(1)	(2)	(3)	(4)
	Heckman_mle	Heckman_two	Heckman_mle	Heckman_two
L. cash	0.001 (0.11)	0.002 (0.12)	0.001 (0.11)	0.002 (0.12)
L. wage	0.007*** (15.64)	0.007*** (15.33)	0.007*** (15.69)	0.007*** (15.38)
L. size	0.527*** (108.42)	0.523*** (108.11)	0.527*** (108.38)	0.523*** (108.07)
L. dum_foreign	0.188*** (15.79)	0.182*** (15.29)	0.188*** (15.80)	0.182*** (15.30)
常数项	0.873 (1.24)	0.813 (1.15)	0.863 (1.22)	0.802 (1.13)
城市固定效应	是	是	是	是
行业固定效应	是	是	是	是
时间效应	是	是	是	是
Lambda	-0.457	-0.493	-0.457	-0.494
Rho	-0.355	-0.382	-0.355	-0.383
Chi2	4.5e+04	4.5e+04	4.5e+04	4.5e+04
p	0.000	0.000	0.000	0.000
Chi2_c	2839.480	—	2844.351	—
N	318765	318765	318765	318765

注：*、**和***分别表示在10%、5%和1%水平上显著；括号内是系数的t检验值。

表5-16中（1）列和（2）列对应结果显示，在1%的显著性水平上，商业信用融资系数显著为正，表明商业信用融资规模的增大显著促进了企业出口额。从其他变量的显著性水平和符号来看，银行信贷约束对出口额没有显著的影响，生产率越高的企业出口额也越大，规模增大、劳动力质量提高也促进了企业出口额的增加，与内资企业相比，外资企业有更大的出口额。

表5-16中（3）列和（4）列对应结果显示，在1%的显著性水平上，商业信用融资系数、地理集聚虚拟变量与商业信用融资的交互项系数均显著为正，说明商业信用融资对出口额的正向影响与地理集聚程度有关，与低地理集聚地区相比，高地理集聚地区中商业信用融资对出口额的正向作用更大。

为了分析商业信用融资对出口额的正向作用是否受银行信贷约束的影响，以及这个影响在不同类型地理集聚城市上的差异，分别应用Heckman两步法和Heckman_mle方法估计方程（5-5），估计结果如表5-17所示。

表5-17　地理集聚、银行信贷约束与商业信用融资对出口额的影响

	(1)	(2)	(3)	(4)
	Heckman_mle	Heckman_two	Heckman_mle	Heckman_two
L. credit	0.330***	0.328***	0.338***	0.336***
	(13.27)	(13.20)	(13.61)	(13.53)
L. bank	0.329	0.327	0.315	0.313
	(1.31)	(1.31)	(1.26)	(1.25)
L. credit_bank	-0.723	-0.703	-0.702	-0.685
	(-0.59)	(-0.58)	(-0.58)	(-0.56)
L. TFP	42.706***	42.741***	42.582***	42.618***
	(86.79)	(86.90)	(86.53)	(86.64)
L. cash	-0.001	-0.000	0.001	0.002
	(-0.05)	(-0.01)	(0.11)	(0.13)
L. wage	0.008***	0.008***	0.007***	0.007***
	(16.95)	(16.66)	(15.64)	(15.33)
L. size	0.528***	0.524***	0.527***	0.523***
	(108.70)	(108.45)	(108.43)	(108.11)
L. dum_foreign	0.186***	0.181***	0.188***	0.182***
	(15.77)	(15.31)	(15.79)	(15.29)
城市固定效应	是	是	是	是
行业固定效应	是	是	是	是
时间效应	否	否	是	是

续表

	(1)	(2)	(3)	(4)
	Heckman_mle	Heckman_two	Heckman_mle	Heckman_two
Lambda	-0.459	-0.494	-0.457	-0.493
Rho	-0.356	-0.383	-0.355	-0.382
Chi2	4.5e+04	4.5e+04	4.5e+04	4.5e+04
p	0.000	0.000	0.000	0.000
Chi2_c	2876.950	—	2839.265	—
P_c	0.000	—	0.000	—
N	318765	318765	318765	318765

注：*、**和***分别表示在10%、5%和1%水平上显著；括号内是系数的t检验值。

表5-17中（1）列和（2）列对应的是没有控制时间效应的Heckman_mle与Heckman两步法估计结果，（3）列和（4）列是控制了时间效应的Heckman_mle与Heckman两步法的估计。从各列结果来看，MLE相关系数ρ的似然比检验统计量Chi2_c对应的p值为0，表明Heckman样本选择模型是恰当的。两步法估计中逆米尔斯比率Lambda显著不为0，表明原方程（5-5）存在样本选择偏误。

由表5-17可知，不管是否控制时间效应，各变量对应的系数的显著性、大小与符号基本未变，说明各变量对企业的出口额的影响是相对稳定的，并没有显著受到外部环境政策的冲击。由于商业信用融资系数在1%的显著性水平上显著为正，银行信贷约束与商业信用交互项的系数不显著，说明商业信用融资的增加促进了企业出口额的增加，即商业信用融资对企业出口额有正向促进作用，但不受银行信贷约束的影响。可见，银行信贷约束对商业信用融资出口作用的影响主要体现在出口可能性的增加，而不是出口额的增加。这是由于企业出口的固定成本一般高于可变成本，所以，对于银行信贷约束较高的企业，更容易将大部分商业信用融资用于出口固定成本，而不是贸易可变成本，从而增加企业出口可能性，没有增加企业的出口额。

5.4　本章小结

本章主要利用 2004~2007 年中国工业企业数据与相关城市数据，实证研究了地理集聚、商业信用影响异质性企业的出口行为，即验证第 3 章中假设 3 至假设 5 的合理性。另外，还基于企业商业信用融资的异质性特征，充分考虑到企业商业信用融资会受到银行信贷约束的影响，以及地理集聚程度会影响商业信用融资的获得与银行信贷约束的程度，研究了商业信用融资对企业出口行为的影响，商业信用融资出口作用随银行信贷约束的变化情况，以及在不同类型地理集聚城市上的差异。研究发现：

第一，地理集聚程度的提高显著促进了企业出口的可能性；随着地理集聚程度的提高，生产率较低的企业出口可能性会增强，即在其他变量相同的情况下，相对于低地理集聚地区，高地理集聚地区内生产率较低的企业更有可能出口，这一结论也在一定程度上验证了中国企业出口存在“生产率悖论”，既有大量低生产率企业出口到国外市场（Lu，2010；何暑子等，2022）。本书提供了解释企业出口“生产率悖论”原因的新视角：由于地理集聚程度的差异导致了企业使用商业信用的差异，从而导致不同地理集聚地区企业出口生产率的临界值不同，由于高地理集聚区内企业更易获得商业信用融资，地区出口生产率临界值较低，导致了更多较低生产率的企业也能够出口。

第二，地理集聚程度越高的地区，商业信用依赖度越高的行业内企业越有可能出口，这说明在中国金融市场的背景下，在难以得到充足金融机构信贷资金的情况下，商业信用依赖度高的行业内企业很容易从高地理集聚区内获得商业信用融资，从而克服出口固定成本的约束参与出口。

第三，虽然从总样本估计结果来看，地理集聚与商业信用依赖度对企业出口额没有显著的影响，但是随着地理集聚程度的提高，商业信用依赖度高的行业内低生产率企业的出口额会显著增加，高生产率企业的出口额并没有显著的变化。主要原因在于，一般情况下，低生产率企业的盈利能力有限，难以支付较高的贸易成本，在出口固定成本一定的情况下，只能通过减少出口额来支付较小的可变成本。但随着地理集聚程度的提高，高商业信用融资依赖度行业内的低生产率企业可以获得更多的商业信用融资，从而用于支付出口可变成本的商业信用融资增大，出口额增加。而高生产率企业的盈利能力较强，可以克服出口固定成本与可变成本的约束，实现无融资约束下的最优出口额，因此，地区地理集聚程度以及行业商业信用依赖度对其出口额并不会产生显著的影响。

第四，商业信用融资显著正向促进了企业出口的可能性，在地理集聚程度高的地区，这种正向促进作用更为显著。相对高地理集聚地区，在低地理集聚地区，由于企业面临更为严重的银行信贷约束，更加依赖商业信用融资缓解融资约束，从而商业信用融资促进企业出口可能性的作用更强。

第五，商业信用融资的出口促进作用和企业的银行信贷约束程度有关，银行信贷约束越大，商业信用融资的出口促进作用就越大。这主要是因为在中国金融市场的经济体中，对银行信贷约束较高的企业，在难以得到足够银行信贷资金的情况下，主要依靠商业信用融资缓解融资约束与出口固定成本约束，从而参与国外市场。

第六，针对出口额估计方程的样本选择偏误问题，应用 Heckman_ mle 和两步法估计发现，企业商业信用融资程度的提高也促进了企业出口额的增加，并且在高地理集聚地区更为显著；商业信用融资对出口额的正向作用不受银行信贷约束的影响。

第6章　研究结论、政策建议与研究不足

6.1　研究结论

首先，借鉴 Manova（2013）的研究，即在考虑企业融资约束的异质性企业理论基础上，构建了金融市场不健全经济体中地理集聚促进商业信用依赖型行业内企业出口行为的局部静态均衡模型。然后借鉴 Lawless 的研究，理论分析了地理集聚、商业信用依赖度与行业出口二元边际的关系。并运用 2004~2007 年中国工业企业数据库与历年的《中国城市统计年鉴》的相关城市数据，以中国各城市细分行业的出口贸易为对象，验证了地理集聚、行业商业信用依赖度对行业出口额及其二元边际。研究发现：

第一，地理集聚对行业出口额的正向影响随着行业商业信用依赖度的提升而增大，在地理集聚程度越高的地区，商业信用依赖度越高的行业出口额越大。

第二，地理集聚对总出口的影响是沿两个边际实现的，但其在两个边际上的作用机制和程度不同，总体而言，地理集聚主要通过扩展边际影响

了行业出口额的增加，地理集聚程度的提升显著正向促进了出口的扩展边际，并且随着行业商业信用依赖度的提升而增大，地理集聚对出口集约边际的影响不显著。

其次，在构建的地理集聚、商业信用对企业出口行为影响的模型基础上，理论分析了地理集聚、商业信用依赖度对企业出口行为的影响，并利用中国工业企业数据与城市数据，验证了地理集聚、商业信用依赖度与企业出口行为的关系。研究发现：

第一，地理集聚程度的提升显著促进了企业出口的可能性，相对于低地理集聚地区，在高地理集聚地区生产率较低的企业更易于出口，这一结论也在一定程度上验证了中国企业出口存在“生产率悖论”。本书提供了解释企业出口“生产率悖论”原因的新视角：由于地理集聚的差异导致了企业使用商业信用的差异，从而导致不同地理集聚地区出口生产率的临界值也不同，由于高地理集聚区内企业更易获得商业信用融资，出口生产率临界值较低，导致了更多较低生产率的企业参与出口。

第二，地理集聚程度越高的地区，商业信用依赖度越高的行业内企业越有可能出口，这说明了在中国金融市场的背景下，在难以得到充足正规金融机构信贷资金的情况下，商业信用依赖度高的行业内企业很容易从高地理集聚区内获得商业信用融资，从而克服出口固定成本的约束参与出口。

第三，针对出口额估计方程的样本选择偏误问题，应用 Heckman_mle 和两步法估计发现，随着地理集聚程度的提高，商业信用依赖度高的行业内低生产率企业的出口额显著增加，高生产率企业的出口额并没有显著的变化。主要原因在于，随着地理集聚程度的提高，商业信用依赖度高的行业内低生产率企业可以获得更多的商业信用融资，从而用于出口可变成本的商业信用融资增大，出口额增加。而高生产率出口企业的盈利能力较强，可以克服出口固定成本与可变成本的约束，实现无融资约束下的最优出口额，因此，地区地理集聚程度以及行业商业信用依赖度对其出口额并不会产生显著的影响。

最后，基于企业商业信用融资的异质性特征，充分考虑到现有文献忽视的一些重要问题，即企业商业信用融资会受到银行信贷约束的影响，以及地理集聚程度会影响商业信用融资获得与银行信贷约束程度，分析了商业信用融资对企业出口行为的影响，商业信用融资的出口作用随着银行信贷约束的变化情况，以及在不同类型地理集聚城市上的差异。研究发现：

第一，商业信用融资显著正向促进了企业出口的可能性，随着地理集聚程度的提升，这种正向促进作用更为显著。因为相对地理集聚程度较低的地区，在地理集聚程度较高的地区，企业更容易从邻近企业中获得商业信用融资，从而能够克服企业出口固定成本的约束参与出口的可能性更大。

第二，商业信用融资的出口促进作用和企业的银行信贷约束程度有关，银行信贷约束越大，商业信用融资的出口促进作用就越大。这主要是因为在中国金融市场的经济体中，对银行信贷约束较高的企业，在难以得到足够银行信贷资金的情况下，主要依靠商业信用融资缓解融资约束，从而能够克服出口固定成本约束来参与国外市场。

第三，相对高地理集聚地区，在低地理集聚地区，由于企业面临更为严重的银行信贷约束，更加依赖商业信用融资缓解融资约束，从而商业信用融资促进企业出口可能性的作用更强。

第四，针对出口额估计方程的样本选择偏误问题，应用 Heckman_mle 和两步法估计发现，企业商业信用融资程度的提高也促进了企业出口额的增加，并且在高地理集聚地区更为显著；商业信用融资对出口额的正向作用不受银行信贷约束的影响。

6.2　政策建议

首先，本书的研究结论将为协调区域经济发展与缩小地区收入差距的政策制定提供创新思路。政府在企业的区域布局上，应进一步制定有针对性的支持政策，鼓励更加依赖商业信用融资的非国有企业到集聚程度较低中西部地区投资生产，这不仅能增加这些地区非国有企业的数量，增大行业的商业信用依赖度，而且也有利于提高本地区的集聚程度，从而发挥地理集聚对出口贸易的正向促进作用，缩小与东部地区之间的收入差距。当然，也不能忽视地区金融发展的作用，虽然当前中国的金融市场对外部融资依赖度高的行业出口有负向影响，但是，相信随着我国金融市场体系的完善与金融发展水平的提高，金融发展对外部融资依赖性行业的出口作用将会得到提高。

其次，由于地理集聚对商业信用依赖度较高行业出口增长的影响主要来自扩展边际而不是集约边际，这意味着在当前金融体系不完善的情况下，商业信用依赖度较高的行业内企业将地理集聚区内的大部分商业信用融资用于出口固定成本，用于可变贸易成本的商业信用融资较少，从而难以起到促进集约边际的作用。所以，为了缓解外部金融市场的波动对贸易持续性的影响，为了促进我国出口贸易的地区平衡与持续稳定发展和出口竞争力的提高，应加快完善金融发展水平较低地区的金融体系建设，增加出口企业从正规金融信贷部门的融资，用于减小可变贸易成本的变化带来的冲击，进一步增加出口企业数量与单位企业的平均出口额，实现出口二元边际的稳步增长。

再次，虽然地理集聚程度的提高能够促进企业出口的可能性，但在地理集聚程度低的中西部地区，只有高生产率的企业才会出口，这说明在当前金融市场体系不健全的背景下，可通过建立开发区、税收优惠等一系列措施提高中西部地区的企业集聚程度，促进更多的企业参与国际市场。此外，由于地理集聚程度的提高促进了商业信用依赖度高的低生产率企业的出口额，但对高生产率企业出口额并没有显著的影响，进一步说明了低生产率企业更有可能使用商业信用支付贸易成本。由于商业信用融资成本较高，低生产率企业获得的商业信用有限，因此应尽快完善中国的金融体系的建设，促进这些企业利用成本较低的正规金融信贷资金支付贸易成本，增强企业的出口额。

最后，在当前中国金融市场体系的现实背景下，企业的出口在很大程度上也依赖自身的商业信用融资，尤其对地理集聚程度高的地区，商业信用融资对企业出口决策发挥了更大作用。但是，在地理集聚程度低的地区，当银行信贷约束提高时，商业信用的出口促进作用会更大。这说明了作为成本较低的重要融资渠道，银行信贷并没有对出口起到显著的促进作用，尤其对于低集聚的地区，银行信贷约束较高。因此，应尽快完善中国的金融体系的建设，特别是加快低集聚地区银行等正规金融部门的发展，促进企业利用正规金融信贷资金克服出口固定成本约束，增强企业出口可能性。

6.3 研究不足

作为关于地理集聚、商业信用与出口之间关系的探索性研究，本书不可避免存在一些不足之处。

一方面，由于2004年后，工业企业数据库才报告应付账款的数据，再加上2008年与2009年数据中有大量变量的缺失，所以本书使用的工业企业数据库的时间跨度仅为2004~2007年，研究样本数相对较小。

另一方面，企业使用商业信用的动机很多，如何将商业信用的融资动机与其他动机有效区分，是值得深入研究的问题。但由于数据的限制，本书不能判断出多大比例的商业信用是出于融资动机。因为许多研究发现在金融不健全的经济体中企业使用商业信用的主要动机是融资，所以，本书主要考虑商业信用的融资动机对出口的作用，忽视了其他动机的影响。

参考文献

［1］白重恩，杜颖娟，陶志刚，仝月婷．地方保护主义及产业地区集中度的决定因素和变动趋势［J］．经济研究，2004（4）：29-40.

［2］包群，阳佳余．金融发展影响了中国工业制成品出口的比较优势吗［J］．世界经济，2008（3）：21-33.

［3］陈勇兵，陈宇媚，周世民．贸易成本、企业出口动态与出口增长的二元边际［J］．经济学（季刊），2012（7）：1477-1502.

［4］陈海盛．地理集聚会优化商业信用环境吗？——来自浙江地级市的证据［J］．技术经济，2020，39（3）：146-154.

［5］陈志红，李健．商业信用有助于中小企业绿色创新吗——基于融资约束视角［J］．现代经济探讨，2020（7）：70-78.

［6］陈旭，邱斌，刘修岩．空间集聚与企业出口：基于中国工业企业数据的经验研究［J］．世界经济，2016，39（8）：94-117.

［7］韩剑，张凌．金融发展、融资依赖与中国工业制成品的出口［J］．国际商务——对外经济贸易大学学报，2012（6）：59-67.

［8］韩剑，王静．中国本土企业为何舍近求远：基于金融信贷约束的解释［J］．世界经济，2012（1）：98-113.

［9］范小云，董二磊．银行信贷、商业信用与企业出口——基于联立方程模型的经验分析［J］．中国经济问题，2015（1）：36-49.

［10］胡翠，许召元，符大海．中国出口双重集聚及其形成机制——

基于出口溢出效应的视角［J］. 财贸经济，2015（1）：117-131.

［11］何金秋，蒙双，余嘉杰．区域集聚、竞争策略与中国企业的出口决策［J］. 国际贸易问题，2023（11）：126-141.

［12］何暑子，范从来，康志勇．汇率与出口企业“生产率悖论”［J］. 世界经济与政治论坛，2022（4）：66-89.

［13］黄允爵，叶德珠．银行贷款还是商业信用？——基于银行竞争视角的企业融资选择分析［J］. 武汉金融，2024（3）：13-22.

［14］路江涌，陶志刚．中国制造业区域集聚及国际比较［J］. 经济研究，2006（3）：103-114.

［15］刘竹青，佟家栋，许家云．地理集聚是否影响了企业的出口决策？——基于产品技术复杂度的研究［J］. 产业经济研究，2014（2）：73-82.

［16］刘竹青，周燕．地理集聚、契约执行与企业的出口决策——基于我国制造业企业的研究［J］. 国际贸易问题，2014（9）：58-66.

［17］刘修岩，易博杰，邵军．示范还是挤出？FDI对中国本土制造业企业出口溢出的实证研究［J］. 世界经济文汇，2011（5）：106-120.

［18］刘民权，徐忠，赵英涛．商业信用研究综述［J］. 世界经济，2004（1）：66-80.

［19］刘启明，邱斌，孙少勤．地区出口集聚、融资约束与制造业企业出口决策［J］. 国际经贸探索，2023，39（6）：4-19.

［20］刘志强，王慧晴，温颖．金融集聚、制度质量对企业出口行为的影响研究［J］. 金融评论，2022，14（3）：102-123+126.

［21］李泽广，覃家琦．融资约束与商业信用渠道的流动性提供——基于企业异质性视角的研究［J］. 南开学报（哲学社会科学版），2020（6）：59-70.

［22］李丽霞，李培鑫，张学良．开发区政策与中国企业“出口—生产率悖论”［J］. 经济学动态，2020（7）：65-83.

［23］李涛，李红．双边关系、关系网络、法院与政府：中国非国有

企业间信任的研究 [J]. 经济研究，2004 (11)：85-95.

[24] 李增泉，辛显刚，于旭辉. 金融发展、债务融资约束与金字塔结构——来自民营企业集团的证据 [J]. 管理世界，2008 (1)：123-135+188.

[25] 李志远，余淼杰. 生产率、信贷约束与企业出口：基于中国企业层面的分析 [J]. 经济研究，2013 (6)：85-99.

[26] 毛其淋，钟一鸣. 集群商业信用与企业出口模式——非正式融资渠道影响贸易高质量发展的微观证据 [J]. 南开经济研究，2023 (6)：40-58.

[27] 马述忠，张洪胜. 集群商业信用与企业出口——对中国出口扩张奇迹的一种解释 [J]. 经济研究，2017，52 (1)：13-27.

[28] 蒲阿丽，李平，邹松岐. 扭曲对企业出口决策的影响：促进还是抑制？[J]. 商业研究，2022 (3)：62-71.

[29] 钱学锋，熊平. 中国出口增长的二元边际及其因素决定 [J]. 经济研究，2010 (1)：65-79.

[30] 石晓军，张顺明. 商业信用、融资约束及效率影响 [J]. 经济研究，2010 (1)：102-114.

[31] 石晓军，张顺明，李杰. 商业信用对信贷政策的抵消作用是反周期的吗？来自中国的证据 [J]. 经济学 (季刊)，2009 (1)：213-236.

[32] 石晓军，李杰. 商业信用与银行借款的替代关系及其反周期性：1998-2006 年 [J]. 财经研究，2009 (3)：4-15.

[33] 孙浦阳，李飞跃，顾凌骏. 商业信用能否成为企业有效的融资渠道——基于投资视角的分析 [J]. 经济学 (季刊)，2014 (4)：1637-1652.

[34] 施炳展. 中国出口增长的三元边际 [J]. 经济学 (季刊)：2010 (4)：1311-1330.

[35] 佟家栋，刘竹青. 地理集聚与企业的出口抉择：基于外资融资依赖角度的研究 [J]. 世界经济，2014 (7)：67-85.

［36］文玫．中国工业在区域上的重新定位和聚集［J］．经济研究，2004（2）：84-94.

［37］王永进，盛丹．地理集聚会促进企业间商业信用吗？［J］．管理世界，2013（1）：101-114.

［38］王彦超，林斌．金融中介、非正规金融与现金价值［J］．金融研究，2008（3）：177-198.

［39］王永进，李坤望，盛丹．地理集聚影响了地区出口比较优势吗？——基于不完全契约的视角［J］．世界经济文汇，2009（5）：61-75.

［40］王蕊，王恰．“一带一路”核心区域出口贸易对物流业增长与集聚的作用研究［J］．商业经济研究，2021（17）：101-104.

［41］阳佳余，杨蓓蕾．商业信贷与银行信贷：替代还是互补［J］．当代经济科学，2013（5）：20-31.

［42］谢千里，罗斯基，张轶凡．中国工业生产率的增长与收敛［J］．经济学（季刊），2008（4）：809-825.

［43］于洪霞，龚六堂，陈玉宇．出口固定成本融资约束与企业出口行为［J］．经济研究，2011（4）：35-65.

［44］颜杰，周茂，李雨浓，等．外资进入、市场不确定性与本土企业商业信用供给［J］．中国工业经济，2023（12）：153-170.

［45］朱彤，郝宏杰，秦丽．中国金融发展与对外贸易比较优势关系的经验分析—— 一种外部融资支持的视角［J］．南开经济研究，2007（3）：124-131.

［46］周定根，杨晶晶．商业信用、质量信息传递与企业出口参与［J］．管理世界，2016（7）：36-50.

［47］钟凯，梁鹏，董晓丹，等．数字普惠金融与商业信用二次配置［J］．中国工业经济，2022（1）：170-188.

［48］张帆．商业信用、银行贷款与产品质量［D］．西南财经大学，2022.

［49］张艳，王冰洁，钟腾龙．产业集聚与中国出口增长模式研究

[J]. 国际贸易问题，2024（5）：36-53.

[50] 张杰，经朝明，刘东. 商业信贷、关系型借贷与小企业信贷约束：来自江苏的证据 [J]. 世界经济，2007（3）：75-85.

[51] Allen F, Qian J, Qian M. Law, Finance, and Economic Growth in China [J]. Journal of Financial Economics, 2005, 77 (1): 57-116.

[52] Alvarez R, López R A. Financial Development, Exporting and Firm Heterogeneity in Chile [J]. Review of World Economics, 2013, 149 (1): 183-207.

[53] Aitken B, Hanson G H, Harrison A E. Spillovers, Foreign Investment, and Export Behavior [J]. Journal of International Economics, 1997, 43 (1): 103-132.

[54] Beck T. Financial Dependence and International Trade [J]. Review of International Economics. 2003, 11 (2): 296-316.

[55] Bernard A B, Jensen J B. Why Some Firms Export [J]. Review of Economics & Statistics, 2004, 81 (2): 561-569.

[56] Bernard A B, Jensen J B, Redding S J, et al. Firms in International Trade [J]. Journal of Economic Perspectives, 2007, 21 (3): 105-130.

[57] Bartholdy J, Mateus C. Taxes and Corporate Debt Policy: Evidence for Unlisted Firms of Sixteen European Countries [J]. Ssrn Electronic Journal, 2008 (5): 169-185.

[58] Bruno B, Christian G. Trade Credit and Credit Rationing [J]. Review of Financial Studies, 1997 (4): 903-937.

[59] Burkart M, Ellingsen T. In-Kind Finance: A Theory of Trade Credit [J]. American Economic Review, 2004, 94 (3): 569-590.

[60] Berman N, Héricourt J. Financial Factors and the Margins of Trade: Evidence from Cross-Country Firm-Level Data [J]. Journal of Development Economics, 2010, 93 (2): 206-217.

[61] Brandt L, Van Biesebroeck J, and Zhang Y F. Creative Accounting or Creative Destruction? Firm-level Productivity Growth in Chinese Manufacturing [J]. Journal of Development Economics, 2012, 97 (2): 339-351.

[62] Cai H, Liu Q. Coemption and Corporate Tax Avoidance: Evidence from Chinese Industrial Firms [J]. The Economic Journal, 2009, 119 (4): 764-795.

[63] Cassey A J, Schmeiser K N. The Agglomeration of Exporters by Destination [J]. The Annals of Regional Science, 2013a, 51 (2): 495-513.

[64] Cassey A J, Schmeiser K N. The Agglomeration by Destination of U. S. State Exports [J]. Economics Bulletin, 2013b, 33 (2): 1504-1510.

[65] Chaney T. Distorted Gravity: The Intensive and Extensive Margins of International Trade [J]. American Economic Review, 2008, 98 (4): 1707-1721.

[66] Chaney T. Liquidity Constrained Exporters [J]. Journal of Economic Dynamics and Control, 2016 (72): 141-154.

[67] Ciccone A, Hall R E. Productivity and the Density of Economic Activity [J]. The American Economic Review, 1996, 86 (1): 54-76.

[68] Coricelli Fabrizio. Finance and Growth in Economies in Transition [J]. European Economic Review, 1996, 40 (4-5): 645-653.

[69] Crozet M, Koenig P. Structural Gravity Equations with Intensive and Extensive Margins [J]. Canadian Journal of Economics, 2010, 43 (1): 41-62.

[70] Cull R, Xu L C, Zhu T. Formal Finance and Trade Credit During China's transition [J]. Journal of Financial Intermediation, 2009, 18 (2): 173-192.

[71] Das S, Roberts M J, Tybout J R. 2007. Market Entry Costs, Producer Heterogeneity, and Export Dynamics [J]. Econometrica, 2007, 75 (3): 837-873.

[72] Dekle R, Eaton J. Agglomeration and Land Rents: Evidence from the Prefectures [J]. Journal of Urban Economics, 1999, 46 (2): 200-214.

[73] Duranton G, Puga D. Nursery Cities: Urban Diversity, Process Innovation, and the Life Cycle Products [J]. American Economic Review, 2001, 9 (5): 1454-1477.

[74] Eaton J, Eslava M, Kugler M. The Margins of Entry into Export Markets: Evidence from Colombia [M]. The Organization of Firms in a Global Economy, Harvard University Press, 2008.

[75] Egger P H, Kesina M. Financial Constraints and the Extensive and Intensive Margin of Firm Exports: Panel Data Evidence from China [J]. Review of Development Economics, 2014, 18 (4): 625-639.

[76] Fisman R, Love I. Trade Credit, Financial Intermediary Development, and Industry Growth [J]. The Journal of Finance, 2003, 58 (1): 353-374.

[77] Ferris S J. A Transactions Theory of Trade Credit Use [J]. Quarterly Journal of Economics, 1981, 96 (2): 243-270.

[78] Freeman J, Styles C, Lawley M. Does Firm Location Make a Difference to the Export Performance of SMEs? [J]. International Marketing Review, 2012, 29 (1): 88-113.

[79] Farole T, Winkler D. Firm Location and the Determinants of Exporting in Low-and Middle-Income Countries [J]. Journal of Economic Geography, 2014, 14 (2): 395-420.

[80] Feenstra R, Li Z Y, Yu M J. Export and Credit Constraints under Incomplete Information: Theory and Evidence from China [J]. The Review of Economics and Statistics, 2014, 96 (4): 729-744.

[81] Ge Y, Qiu J P. Financial Development, Bank Discrimination and Trade Credit [J]. Journal of Banking & Finance, 2007, 31 (2): 513-530.

[82] Ge Y. Globalization and Industry Agglomeration in China [J].

World Development, 2009, 37 (3): 550-559.

[83] Gao T. The Impact of Foreign Trade and Investment Reform on Industry Location: The Case of China [J]. Journal of International Trade and Economic Development, 2002, 11 (4): 367-386.

[84] Greenaway David, Guariglia A, Kneller R. Financial Factors and Exporting Decisions [J]. Journal of International Economics, 2007, 73 (2): 377-395.

[85] Guariglia A, Mateut S. Trade Credit Channel, and Inventory Investment: Evidence from a Panel of UK Firms [J]. Journal of Banking and Finance, 2006, 30 (10): 2835-2856.

[86] Garmaise M J, Moskowitz T J. Informal Financial Networks: Theory and Evidence [J]. Review of Financial Studies, 2003, 16 (4): 1007-1040.

[87] Hummels D, Klenow P J. The Variety and Quality of a Nation's Exports [J]. American Economic Review, 2005, 95 (3): 704-723.

[88] Heckman J J. Sample Selection Bias as a Specification Error [J]. Econometrica, 1979, 47 (1): 153-161.

[89] Hoover E M. The Measurement of Industrial Localization [J]. The Review of Economics and Statistics, 1936, 75 (4): 162-171.

[90] Huang Z, Zhang X, Zhu Y. The Role of Clustering in Rural Industrialization: A Case Study of the Footwear Industry in Wenzhou [J]. China Economic Review, 2008, 19 (3): 409-420.

[91] Hopenhayn H A. Entry, Exit, and Firm Dynamics in Long Run Equilibrium [J]. Econometrica, 1992, 60 (5): 1127-1150.

[92] Jacobs J. The Economy of Cities [M]. New York: Vintage, 1970.

[93] Koening P. Agglomeration and the Export Decisions of French Firms [J]. Journal of Urban Economics, 2009, 66 (3): 186-195

[94] Krugman P. Increasing Returns, Monopolistic Competition, and International Trade [J]. Journal of International Economics, 1979, 9 (4):

469-479.

[95] Krugman P. Scale Economies, Product Differentiation, and the Pattern of Trade [J]. American Economic Review, 1980, 70 (5): 950-959.

[96] Krugman P. Increasing Returns and Economic Geography [J]. The Journal of Political Economy, 1991, 99 (3): 483-499.

[97] Marion K, Erik B, Anthony Y. Trade credit and the Monetary Transmission, Mechanism [J]. Ssrn Electronic Journal, 2000 (2): 125-140.

[98] Lawless M. Deconstructing Gravity: Trade Costs and Extensive and Intensive Margins [J]. Canadian Journal of Economics, 2010, 43 (4): 1149-1172.

[99] Levinsohn J, Amil P. Estimating Production Functions Using Inputs to Control for Unobservables [J]. The Review of Economic Studies, 2003, 70 (2): 317-341.

[100] Lehar A, Song V Y, Yuan L. Industry Structure and the Strategic Provision of Trade Credit by Upstream Firms [J]. Review of Financial Studies, 2020, 33 (10): 4916-4972.

[101] Lin T T, Chou J H. Trade Credit and Bank Loan: Evidence from Chinese Firms [J]. International Review of Economics & Finance, 2015 (36): 17-29.

[102] Lu D. Exceptional Exporter Performance? Evidence from Chinese Manufacturing Firms [Z]. Mimeo, Chicago University, 2010.

[103] Long C, Zhang X. Cluster-based Industrialization in China: Financing and Performance [J]. Journal of International Economics, 2011, 84 (1): 112-123.

[104] Manova K. Credit Constraints, Equity Market Liberalizations and International Trade [J]. Journal of International Economics, 2008, 76 (1): 33-47.

[105] Manova K. Credit Constraints, Heterogeneous Firm, and Interna-

tional Trade [J]. Review of Economic Studies, 2013, 80 (2): 711-744.

[106] Manova K. Wei S J, Zhang Z. Firm Exports and Multinational Activity under Credit Constraints [R]. NBER Working Paper 16905, 2011.

[107] Marshall A. Principles of Economics [M]. London: Macmillan, 1920.

[108] Melitz M J. The Impact of Trade on Intra-industry Reallocations and Aggregate Industry Productivity [J]. Econometrica, 2003, 71 (6): 1695-1725.

[109] Minetti R, Zhu S C. Credit Constraints and Firm Export: Microeconomic Evidence from Italy [J]. Journal of International Economics, 2011, 83 (2): 109-125.

[110] Nunn N. Relationship-specificity, Incomplete Contracts and the Pattern of Trade [J]. The Quarterly Journal of Economics, 2007, 122 (2): 569-600.

[111] Ng C K, Smith J K. and Smith R L. Evidence on the Determinants of Credit Terms Used in Interfirm Trade [J]. Journal of Finance, 1999, 54 (3): 1109-1129.

[112] Aktas N, Bodt E D, Lobez F, Statniket J C. The information Content of Trade Credit [J]. Journal of Banking & Finance, 2012, 36 (5): 1402-1413.

[113] Otatti D. Trust, Interlinking Transactions and Credit in the Industrial District [J]. Cambridge Journal of Economics, 1994, 118 (6): 529-546.

[114] Okubo T. Intra-Industry Trade, Reconsidered: The Role of Technology Transfer and Foreign Direct Investment [J]. Social Science Electronic Publishing, 2010, 30 (12): 1855-1876.

[115] Porter M E. Location, Competition and Economic Development: Local Clusters in the Global Economy [J]. Economic Development Quarterly,

2000, 14 (1): 15-31.

[116] Petersen M A, Rajan R G. Trade Credit: Theories and Evidence [J]. The Review of Financial Studies, 1997, 10 (3): 661-691.

[117] D, Venables A J. Agglomeration and Economic Development: Import Substitution vs. Trade Liberalization [J]. The Economic Journal, 1999, 109 (455): 292-311.

[118] Rajan R, Zingales L. Financial Dependence and Growth [J]. American Economic Review, 1998, 88 (3): 559-586.

[119] Russo P F, Rossi P. Credit Constraints in Italian Industrial Districts [J]. Applied Economics, 2001, 133 (11): 1469-1477.

[120] Rodríguez-Pose A, Tselios V, Winkler D, Farole T. Geography and the Determinants of Firm Exports in Indonesia [J]. World Development, 2013, 44 (0): 225-240.

[121] Ruan J Q, Zhang X B. Finance and Cluster-based Industrial Development in China [J]. Economic Development and Cultural Change, 2009, 58 (1): 143-164.

[122] Stiebale J. Do Financial Constraints Matter for Foreign Market Entry? A Firm - level Examination [J]. World Economy, 2011, 34 (1): 123-153.

[123] Sun C R, Yu Z H, Zhang T. Agglomeration and Trade with Heterogeneous Firms [R]. MPRA Paper, No. 49001, 2012.

[124] Svaleryd H, Vlachos J. Financial Markets, the Pattern of Industrial Specialization and Comparative Advantage: Evidence from OECD Countries [J]. European Economic Review, 2005, 49 (1): 113-144.

[125] Schwartz R A. An Economic Model of Trade Credit [J]. The Journal of Financial and Quantitative Analysis, 1974, 9 (4): 643-657.

[126] Stiglitz, J E, Weiss A. Credit Rationing in Markets with Imperfect Information [J]. American Economic Review, 1981, 71 (3): 393-410.

[127] Summers B, Wilson N. An Empirical Investigation of Trade Credit Use: A Note [Z]. Mimeo, Credit Management Research Center, Leeds University Business School, 1999.

[128] Sjoberg O, Sjoholm F. Common Ground? Prospects for Integrating the Economic Geography of Geographers and Economists [J]. Environment & Planning A, 2002, 34 (3): 467-467.

[129] Chen W C. The Extensive and Intensive Margins of Exports: The Role of Innovation [J]. World Economy, 2013, 36 (5): 607-635.

[130] Wang X. Trade Credit, International Trade Costs and Exports: Cross-country Firm-level Evidence [J]. Applied Economics Letters, 2015, 22 (12): 993-998.

[131] Yilmazkuday H. Agglomeration and Trade: State-Level Evidence from U. S. Industries [J]. Journal of Regional Science, 2011, 51 (1): 139-166.

[132] Zhao Y L, Liu D X, Pu H L, Yang Z H. China's Export Margins and Their Growth Sources: An Analysis of Extensive Margin and Intensive Margin [J]. Singapore Economic Review, 2013, 58 (4): 1-20.

附录A　主要数据来源

本书主要使用两大数据库进行回归分析，数据来源和具体介绍如下：

（一）《中国城市统计年鉴》

《中国城市统计年鉴》是全面反映中国城市经济和社会发展情况的资料性年刊。本年鉴收录了全国656个建制城市（含地级及以上城市和县级城市）社会经济发展和城市建设等各方面的统计数据。年鉴所涉及的全国或全部城市统计资料，均未包括香港特别行政区、澳门特别行政区和台湾省。本年鉴所涉及的全国或全部城市统计资料，均未包括香港特别行政区、澳门特别行政区和台湾省；西藏自治区由于缺少资料没有统计；资料中所列“全市”为城市的全部行政区域，包括城区、郊区、市辖县，所列“市辖区”包括城区、郊区，不包括市辖县。

（1）城市行政区划与城市发展概况，列有不同区域、不同级别的城市分布情况等。

（2）地级及以上城市统计资料，列有：城市人口、就业、资源资料，包括城市人口、劳动力资源和就业、土地资源；城市经济发展主要指标统计资料，包括综合经济、农业、工业、固定资产投资、商业、对外贸易、利用外资、财政、金融、保险等方面内容；城市社会发展主要统计资料，包括劳动工资、教育、文化、医疗卫生等方面内容；城市环境与基础设施资料，包括交通运输、邮电、供水、供电、城市道路、交通状况和城市环境状况等方面内容。

（3）县级城市资料，包括城市人口、就业、资源、综合经济、主要农产品、投资、商业、教育、医疗等内容。

（二）中国工业企业数据库

中国工业企业数据库的统计是基于国家统计局进行的“规模以上工业统计报表统计”取得的资料整理而成。数据库的统计对象为规模以上工业法人企业，包括全部国有和年主营业务收入500万元及以上的非国有大中型制造企业，与《中国统计年鉴》的工业部分和《中国工业统计年鉴》中的覆盖范围一致。区别是本数据库是企业层面的原始数据，而“年鉴”是按不同维度得到的加总数据。

数据库自1998年开始采集，多数学者使用的工业企业数据库涉及的年份在1999~2007年。1999~2007年中国工业企业数据库包括200多万个观测值，每年的样本企业数量从1999年的约16万家逐年递增到2007年的约33万家。共收录了中国33万多家工业企业，占中国工业总产值的95%左右，覆盖了中国工业40多个大类、90多个中类、600多个小类，每个企业提供超过上百个指标，包括企业的基本情况、企业的工业统计、财务成本指标等。

该数据库是我国经济学和管理学研究领域的重要资料，是目前国内最为全面和权威的企业层面数据，尤其在中国企业出口行为研究中被广泛应用，已有很多学者做出了非常有价值的研究成果。

附录B 分省份分行业层面主要变量的描述统计

本部分主要采用2004年、2008年除西藏之外的30个省份及其29个两位码制造业行业（不包括废弃资源和废旧材料回收加工业）的数据。主要变量的观测值与均值如附表1所示。从附表1可看出，2004年和2008年，行业出口交货值与地理集聚的均值都有显著的提高，行业商业信用依赖度的均值基本稳定，金融发展的平均水平却有所下降。

附表1 主要变量的描述统计

变量	观测值	均值	观测值	均值
	2004年		2008年	
商业信用依赖度	859	0.0952	856	0.0934
行业总产值	858	204.0387	855	514.8371
行业出口交货值	751	53.2684	744	110.1252
地理集聚	859	136.0401	856	168.3773
人均收入	859	14352.8600	856	26643.8300
增加值/总产值	858	0.2973	853	0.3221
金融依赖度	771	0.2801	767	0.2807
金融发展程度	859	1.1648	856	0.9114
采矿业产出	859	361.6972	856	363.0448
采矿业投入比重	829	0.0549	856	0.0116

附录C　相关研究成果

数字经济发展对我国出口贸易的影响研究

摘要：本文在对数字经济概念进行界定的基础上，首先对数字经济发展和我国出口贸易的现状进行分析。其次从降低成本、提升商品竞争力和降低贸易风险三个渠道，对数字经济影响我国出口贸易的机制进行了理论分析。并进一步运用我国31个省份2011~2020年的面板数据，对数字经济发展与我国出口贸易的关系进行实证检验，研究发现数字基础设施发展水平对我国出口贸易具有微弱的正向促进影响，技术创新水平对我国出口贸易的影响还不显著；但在区域层面上，东中西部地区还存在很大的差异，技术创新水平和数字基础设施水平的提高对东部地区出口贸易有较强的促进作用，但对中部地区不显著，数字基础设施水平提高能够显著推动西部地区的出口贸易增长。最后本文在以上研究的基础上，提出了推动数字技术发展、加强数字经济基础建设、注重各地区数字经济平衡发展等对策建议。

关键词：数字经济；出口贸易；数字基础设施；技术创新

1. 引言

近年来，我国的数字经济发展迅速，取得了显著的成绩，但与世界上的数字经济强国相比，我国数字经济大而不强、快而不优。“十四五”时期是我国实现社会和经济跨越式发展的重要战略机遇期，必须在这一时期进一步加速数字化发展，为构建国内国际双循环的新发展模式提供强有力的支持。数字技术和推动实体经济成长的国际先进制造技术紧密结合，从而形成了强大的数字经济动力，推动企业实现生产自动化、信息化、智能化的数字化转型。一方面降低成本，提高工作效率，减少对人工的依赖；另一方面由于自动化生产代替了传统的人工操作，实现了“无接触”办公，降低了国际贸易交易疫情传播风险。因此，在当前贸易被疫情冲击的背景下，如何借助数字经济飞速发展提供的新机遇，促进我国出口贸易发展，是当前亟须研究的重要课题。

现有文献对数字经济的界定还未达成一致。逄健和朱欣民（2013）认为数字经济是指以信息和通信技术为主要媒介，通过移动数据、互联网等数字平台，推动交流、交易、合作的数字化发展。李忠民和周维颖（2014）认为数字经济是信息化技术与社会经济高度融合的产物。裴长洪等（2018）提出应当从生产手段所采用的技术属性来定义数字经济，在数字经济中，数据信息是最核心的生产要素，数据信息及其传送将直接决定生产率的高低，代表了先进生产力水平的发展。而关于数字经济对出口贸易影响的文献不多，且主要集中在单一数字经济测度指标即互联网发展水平方面，分析数字经济的出口贸易效应。如沈国兵和袁征宇（2020）的研究结果显示，互联网络可以使企业的创新能力得到明显的提高，从而对企业的出口贸易起到推动作用。何菊香等（2015）通过 29 个省份的面板数据，从空间动态上分析了互联网产业对我国出口贸易的影响。施炳展（2016）为了证实互联网发展对中国对外贸易增长的影响，以双边双向网址链接数量作为中间变量。

不同于现有文献，本文从数字基础设施水平和技术创新水平两个维度来界定数字经济发展，从而能够全面反映数字经济特征，然后在理论分析数字经济影响出口贸易的机制基础上，运用2011~2020年我国31个省份的面板数据，实证研究数字经济对我国出口贸易的影响作用，并进一步将我国各省份划分为东部、中部、西部地区，来分析数字经济对出口贸易影响的区域差异，最后本文提出数字经济背景下我国出口贸易发展的对策建议。

2. 数字经济发展与我国出口贸易的现状

2.1 数字经济的界定

数字经济可以分为三个层次，第一层次是数字交易的基础设施，第二层次是数字交易流程，第三层次是电子商务（陈戎，2020）。结合中国的基本国情，中国的数字经济还处于区域不平衡的发展阶段，有些省份如浙江已处于第三层次，但西部地区很多省份仍处于第一层次。但不管哪个层次，数字基础设施是数字经济发展强大的基础支撑，是国家数字经济发展的根基。

此外，杨新铭（2017）认为数字经济拥有“互联网+”特征，属于一种创新经济模式。数字经济以数字技术为核心，通过技术创新推动产业数字化发展。

综上所述，数字经济是以数字基础设施为基础，数字技术为核心，通过技术创新推动产业数字化发展的经济形式。为了全面反映数字经济的特征，本文认为数字经济发展可以分为两个维度，一个是数字经济基础设施的建设，另一个是技术创新水平的进步。

2.2 我国数字经济发展的现状

2.2.1 数字经济总体情况

本文从中国数字经济在世界的排位、中国数字经济规模（数字经济的增加值）及占 GDP 比重来阐述中国数字经济的总体情况。

由图 2-1 可知，2020 年，世界各国的数字经济发展状况依然良好。美国数字经济规模居世界首位，高达 13.60 万亿美元；中国数字经济以 5.36 万亿美元的规模占据世界第二大数字经济国的地位，比位于第三的德国领先约 2.80 万亿美元。日本的数字经济规模也达到了 2 万亿美元以上，位居第四。

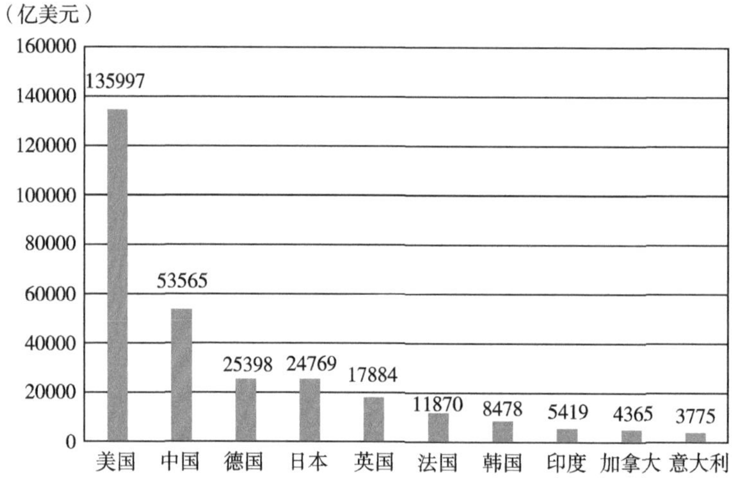

图 2-1　2020 年世界主要国家数字经济规模

资料来源：中国信息通信研究院。

随着我国经济的发展，科学技术和互联网技术在进步，我国数字经济的规模也在不断地创造新的纪录。由图 2-2 可知，到 2020 年，我国数字经济规模从 2005 年的 2.6 万亿元增长到 39.2 万亿元，占国内生产总值的

38.6%，数字经济规模占 GDP 的比重呈现逐年递增的趋势。即便是到 2020 年，在全球经济低迷和各种不稳定因素的打击影响下，数字经济仍能以 9.7%的速度高速增长，成为国民经济持续稳定发展的主要推动力。这充分说明了国家不断提升对数字经济发展的重视，数字经济在稳健发展的同时，对我国社会经济的促进作用也在不断增大。

图 2-2 中国数字经济规模及占 GDP 比重

资料来源：中国信息通信研究院，天风证券研究所。

2.2.2 数字经济内部结构

随着信息技术普及和互联网持续发展，经济社会信息化程度日益提高，产业数字化、数字产业化、数字高效化与数据要素化正成为我国信息化转型的标志性特征。数字化转型已成为我国经济社会创新发展的主要特征。

产业数字化是指运用现代信息技术，全方位、全角度、全链条地对传统产业进行改造。它是数字经济的主战场，它主要的发展方向是数字经济与实体经济的深度融合。其中，数字产业化是现代信息技术的市场化应用，促进数字产业的形成和发展，它作为源头，为产业数字化提供数字基础设施等支撑，产业数字化转型则是发展的主战场。微观上，产业数字化再造传统企业质量效率新优势；中观上，产业数字化重塑产业流程各环节，实现效能提升；宏观上，产业数字化将成为经济增长新的驱动力。

由图 2-3 可知，2015 年，我国数字产业化占数字经济比重为 25.7%，相对地，产业数字化占比为 74.3%，到 2020 年，我国数字产业化占比为 19.1%，产业数字化规模占比为 81.0%。2020 年，随着产业数字化的深入发展，新的经济形式如电子商务、共享经济、平台经济不断涌现，工业互联网、智能制造全面提速，工业数字化转型孕育广阔成长空间，产业数字化的主导地位得到进一步巩固。

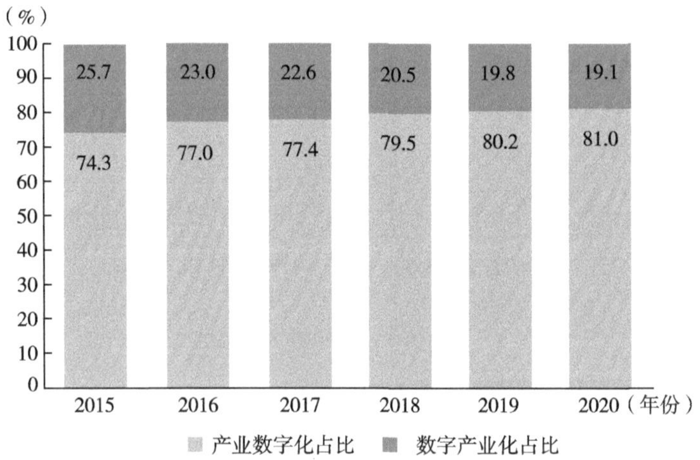

图 2-3　2015~2020 年中国数字经济结构

资料来源：中国信息通信研究院。

另外，产业数字化向更深层次发展。由中国信息通信研究院的研究显示，2020 年，我国产业数字化规模为 31.7 万亿元，而且各行业的数字经济渗透率即数字经济增加值对各行业的占有率不断加深，由图 2-4 可知，服务业数字经济渗透率最高，为 40.70%，农业、工业数字经济渗透率分别为 8.90%、21.00%。数字技术正向更深层次、更广领域渗透融合，使传统工业和实体经济得到更大的发展。

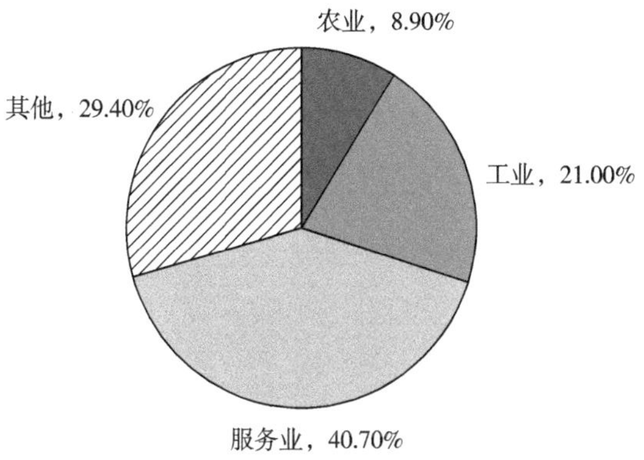

图 2-4 2020 年中国各个产业数字经济渗透率

资料来源：中国通信院。

2.2.3 数字经济的基础——互联网的发展

近年来，线上经济继续快速发展，互联网普及率加速提升。截至2020年6月，中国互联网用户规模达9.4亿，同比增长10.0%，计算可知，相较2020年3月增长4.0%，互联网普及率达67.0%，同比提升5.8个百分点，相较2020年3月提升2.5个百分点（见图2-5）。从图2-6新增用户来看，截至2020年6月，年新增互联网用户约为8500万，达到近十年最高，移动互联网接近全面普及。截至2020年6月，手机上网使用率已达99.2%，移动互联网用户规模达9.4亿，年新增移动互联网用户超过8600万。

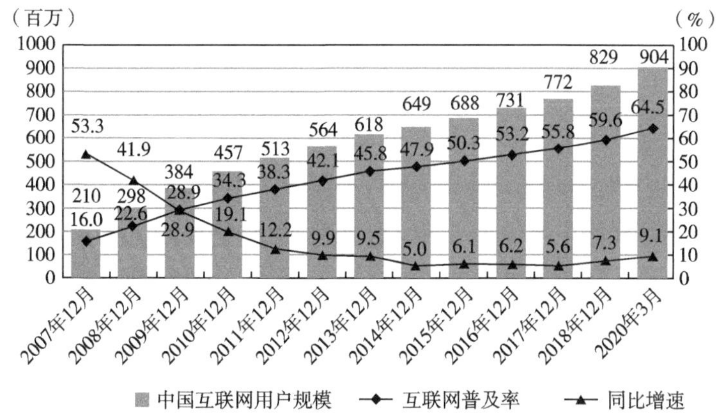

图 2-5 中国互联网用户规模、同比增速及互联网普及率

资料来源：CNNIC，天风证券研究所。

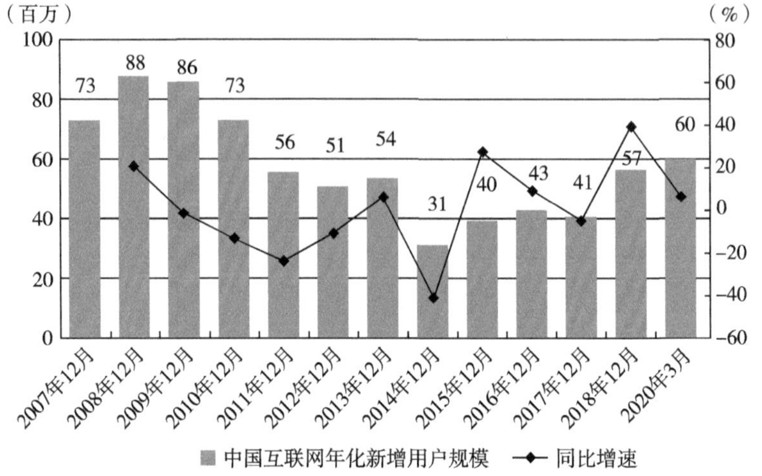

图 2-6 新增互联网用户规模及同比增速

资料来源：CNNIC，天风证券研究所。

2.3 我国出口贸易的现状

改革开放 40 多年来，我们一直坚持“走出去”，对外开放和经济结构不断优化，外贸也取得了一些成绩。同时，外贸的快速发展也为我国的经济发展提供了有利的条件。我国目前已是世界第一大货物贸易国、世界第一大出口货物贸易国和第二大进口货物贸易国。本文主要分析货物出口贸易。

2.3.1 我国出口贸易规模

2.3.1.1 货物出口额发展趋势

由图 2-7 可知，我国货物贸易呈现出平稳发展的趋势，受全球经济环境变化的影响，货物出口在 2009 年、2015 年和 2016 年出现了小幅度的下降，不过在接下来的 1~2 年就扭转了下降的局面。在我国现在的出口贸易结构中，货物贸易占据了绝大部分比重。我国货物出口在 2005 年的贸易总额为 7620 亿美元，2020 年增至 25900 亿美元。期待利用数字经济的发展为我国货物出口贸易注入更多活力。

2.3.1.2 分地区货物出口额

由图 2-8 可知，我国不同地区之间出口贸易水平存在很大差距，我

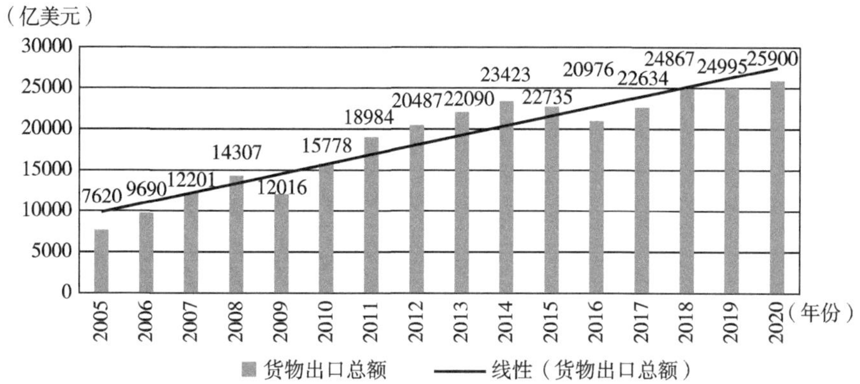

图 2-7　2005~2020 年中国货物出口额

资料来源：历年《中国统计年鉴》。

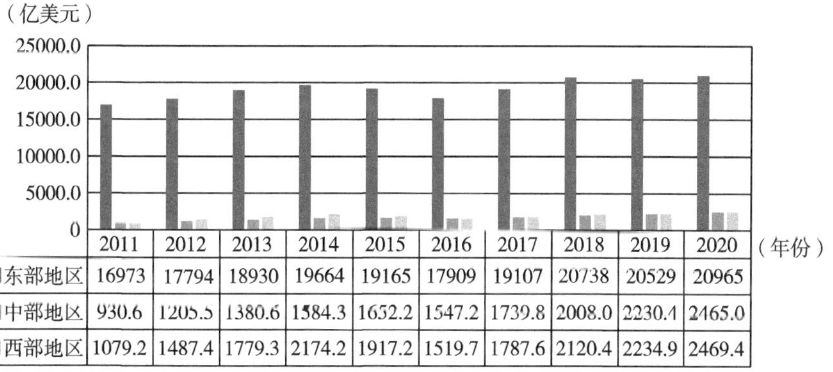

	2011	2012	2013	2014	2015	2016	2017	2018	2019	2020
东部地区	16973	17794	18930	19664	19165	17909	19107	20738	20529	20965
中部地区	930.6	1205.5	1380.6	1584.3	1652.2	1547.2	1739.8	2008.0	2230.4	2465.0
西部地区	1079.2	1487.4	1779.3	2174.2	1917.2	1519.7	1787.6	2120.4	2234.9	2469.4

■东部地区　■中部地区　■西部地区

图 2-8　2011~2020 年我国东部、中部、西部地区[①]货物出口额

资料来源：根据历年《中国统计年鉴》数据整理。

国东部地区沿海，可以给出口运输带来很大的便利，造就了对外出口贸易的优势。我国东部地区各省份出口贸易总额在 2020 年超过 2 万亿美元，

① 东部地区包括北京、天津、河北、辽宁、上海、江苏、浙江、福建、山东、广东、海南、吉林、黑龙江；中部地区包括山西、安徽、江西、河南、湖北、湖南；西部地区包括内蒙古、广西、重庆、四川、贵州、云南、西藏、陕西、甘肃、青海、宁夏以及新疆。

而西部地区和中部地区出口贸易额最高不到2500亿美元，可见我国出口贸易发展地区极度不平衡。这可能需要不同地区根据当地不同情况，实施适合本地区的经济发展政策，发挥本地区优势，促进全国联动，共同发展。

2.3.2 我国出口商品结构

出口贸易商品结构可以分为初级产品与工业制成品两种，由图 2-9 可知，自 2010 年以来，中国充分利用了地域辽阔、资源丰富的优势，初级产品出口整体稳步增长。除 2016 年外，工业制成品的出口整体上也呈现出增长态势，而且工业制成品的出口比重也在持续增加，这表明我国出口贸易结构正在逐步发生变化。相信随着数字经济的发展，将会有更多相关的技术应用于生产、运输等方面，从而加速我国的产品结构的优化。

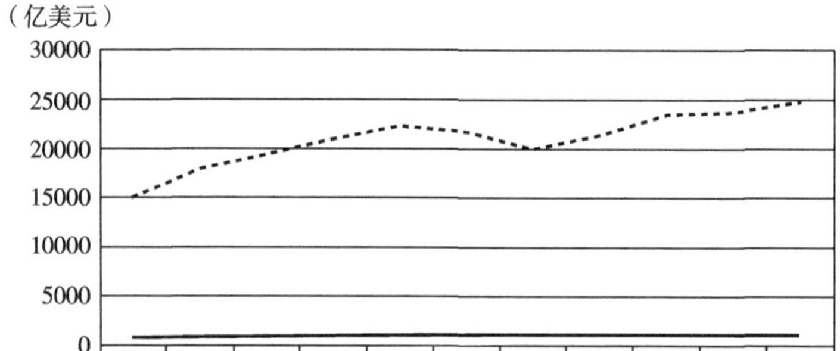

	2010	2011	2012	2013	2014	2015	2016	2017	2018	2019	2020 (年份)
—— 初级产品	817	1005	1006	1073	1127	1039	1052	1177	1350	1340	1156
---- 工业制成品	14961	17978	19482	21017	22296	21695	19924	21456	23517	23655	24743

图 2-9 2010~2020 年中国出口商品结构

资料来源：历年《中国统计年鉴》。

2.3.3 我国出口市场分析

目前我国出口贸易市场主要集中在亚洲、欧洲和北美洲等地区。由表 2-1 可知，2008 年我国向亚洲地区的出口额为 6641.2 亿美元，占我国出口贸易总额的 46%，到 2020 年对亚洲地区的出口额增至 12307.5 亿美元，占我国出口贸易总额的 47%，尽管仅增加了 1%，但对亚洲地区的出口额几乎翻了一番；2008 年，我国对欧洲地区的出口额为 3434.2 亿美元，占我国贸易出口总额的 24%，2020 年达 5356.8 亿美元，占比为 21%，比重下降了 3%；我国对北美洲出口额迅速增加，2008 年出口额为 2742.7 亿美元，2020 年迅速增加到 4938.6 亿美元。

表 2-1 2008~2020 年我国与各大洲出口贸易额 单位：亿美元

年份	亚洲	非洲	欧洲	拉丁美洲	北美洲	大洋洲	出口总额
2008	6641.2	512.4	3434.2	717.6	2742.7	258.8	14306.9
2009	5685.5	477.3	2646.5	570.9	2385.5	249.3	12016.1
2010	7319.5	599.5	3551.9	918.0	3058.4	330.2	15777.5
2011	8990.4	730.8	4135.7	1217.2	3500.8	408.9	18983.8
2012	10069.1	853.1	3964.0	1352.2	3801.1	448.7	20487.1
2013	11340.7	928.0	4057.4	1339.6	3978.2	446.1	22090.0
2014	11883.8	1060.3	4388.2	1362.2	4262.6	465.7	23422.9
2015	11401.0	1085.4	4032.4	1321.0	4390.0	504.9	22734.7
2016	10411.2	922.7	3899.2	1139.4	4128.4	475.5	20976.3
2017	10963.4	947.2	4289.8	1308.2	4612.5	512.6	22633.7
2018	11876.0	1048.9	4746.0	1487.8	5137.2	570.9	24866.8
2019	12206.8	1132.1	4997.5	1519.8	4556.4	582.2	24994.8
2020	12307.5	1142.2	5356.8	1507.1	4938.6	647.3	25899.5

资料来源：历年《中国统计年鉴》。

3. 数字经济发展对我国货物出口贸易的影响机制

3.1 降低出口成本

数字经济发展可以推动企业利用互联网通信技术，打破时间和空间的障碍，降低了出口成本，具体表现在：

首先，在谈判交流销售环节，数字技术的应用极大地降低了贸易成本，提高了贸易效率，正如互联网和数字贸易的交流功能。用互联网的通信技术可以使买卖双方获取的信息透明化，减少了在谈判过程中的中介成本。同时，在国际贸易中，数字经济技术可以降低企业和客户在国际贸易中收集各种信息的成本。例如，有些产品需要满足客户的差异性需求，合作双方的沟通是十分重要的。因此，互联网的通信技术可以提高与客户之间的沟通效率，突破地理和制度障碍。对出口方来说，可以收获更多潜在买方。对买方来说，可以迅速找到所需求的商品。另外，互联网数字平台技术可以为交易提供更好的服务，比如多样化和迅速交易的支付方式。在给贸易双方带来便利的同时，提高成交效率，降低交易成本，从而促进贸易市场的拓展。

其次，在货物交易运输环节，商品的交换是贸易中很重要的一个环节，而物流则是商品交换的辅助。互联网平台利用信息资源，合理并有效地进行资源配置，对成交商品的运输尽快进行匹配，进一步降低了搜寻成本，提高贸易完成效率，从而满足贸易货物交换的需求。

最后，对于数字化产品，由于其可复制的特性，它的边际成本极低甚至归于零。由于其本身为虚拟产品，所以不会占用库存，这将直接省去了存储成本。再者，数字产品会利用网络传输的方式进行产品的交付，因此也实现了运输成本的节约。

3.2 提高产品的出口竞争优势

依据国际贸易理论，具有比较竞争优势的商品在国际市场中更具有竞争力。因此，企业在商品价格降低的同时，提高产品技术含量和商品质量，提升产品的出口竞争力，从而增强企业的竞争优势，进而推动企业运用通过出口贸易增加的资金流，进一步增加研发投入。除此之外，数字技术的利用还可以解决由于不同国家的文化差异而产生的需求差异，满足产品定制要求。李巍等（2019）指出，针对不同国家的多样化、个性化消费需求，提高定制产品的差异性，可以有效地将出口拓展到美国以外的国家，降低贸易壁垒的冲击。在产品定制上，数字经济技术将销售、生产和研发三者有机地结合在一起，通过前台反馈获取客户的需求信息数据，迅速改进企业的生产环节，从而使企业生产方式更好地满足市场的个性化需求，降低贸易门槛。

3.3　降低贸易风险

范鑫（2020）曾经指出，全球网络市场交易可以打破出口信息展示与交换的时空限制，使贸易双方之间信用系统的有效建立，降低贸易风险，陈秀英和刘胜（2019）还提出全球网络市场在贸易摩擦加剧背景下，为中国企业克服贸易壁垒提供帮助。过去客户只能通过官方网站浏览和宣传单页来了解企业和企业产品，而科学技术带来的虚拟现实技术能更加直观地向世界各地的客户展示商品特征，提高贸易效率，降低贸易风险。

4. 数字经济发展对我国出口贸易影响的实证研究

4.1　计量模型的构建

目前文献对于数字经济发展的衡量指标还未有一致的意见，根据前文对数字经济的界定，本文从数字基础设施发展水平和技术创新水平两个维度来度量数字经济发展水平，构建的计量经济方程如下：

$$\ln EXP_{pt}=\beta_0+\beta_1\ln YCM_{pt}+\beta_2\ln NPDP_{pt}+\beta_3\ln PGDP_{pt}+\beta_4\ln TFI_{pt}+\beta_5\ln FREIG_{pt}+\beta_6 GOV_{pt}+reg_p+\theta_t+\mu_{pt} \quad (1)$$

其中，p 表示各个省份；t 表示不同年份；reg_p 表示省份固定效应，控制省份不随时间变化的固有的特征，如地理位置、消费习惯、文化等对出口贸易的影响；θ_t 表示年份时间效应，控制一些冲击事件如中美贸易摩擦等对出口贸易的影响；μ_{pt} 表示随机干扰项。

4.1.1　被解释变量

被解释变量为货物出口贸易额（EXP）。

4.1.2　解释变量

解释变量为互联网域名数（YCM）和新产品开发项目数（NPDP）。何勇和陈新光（2015）在研究互联网对国际贸易的影响机制时发现，互联网会作用于进出口贸易，而且认为互联网会对进出口贸易产生积极的影响。而互联网域名数作为数字基础设施，其发展可以在降低出口成本的维度上促进出口贸易发展。新古典贸易理论认为不同国家之间贸易的来源是各自拥有的要素禀赋不同，新产品的出现会给我国要素禀赋发生变化，从而促使贸易的出现。张国印等（2021）研究发现，企业创新能力越高，其所开发的新产品技术含量越高，新产品数量上也有优势。因此我们从数字基础设施发展水平和技术创新水平两个维度，分别选用互联网域名数和新产品开发项目数作为解释变量。

（1）互联网域名数（YCM）：互联网域名可以促进中国企业在国际市场上的发展，而互联网域名的不断发展恰恰体现了数字基础设施水平的进步。

（2）新产品开发项目数（NPDP）：技术创新能力是国家比较优势的重要因素。在国际市场激烈竞争的大背景下，技术创新对提高国际市场竞争力起着越来越重要的作用。技术创新能够促进生产要素的有效利用，降低生产成本，进而降低产品的价格，从而提高产品竞争力，新产品开发则是我国技术创新的一个重要表现，新产品的出现是一个地区创新能力的体现。

4.1.3　控制变量

在研究数字经济对我国出口贸易影响的同时，我们还需考虑到其他可能会对各地区出口贸易总额产生影响的非数字经济相关因素。黄锃里（2021）曾经在研究数字经济发展对出口贸易效率的影响时曾选用人均地区生产总值和货运量作为控制变量进行研究，陈戎（2020）、马兆良和宛文莉（2022）也曾选用人均地区生产总值作为控制变量。王慈珺（2018）运用时间序列模型，对五个影响我国对外贸易的因素进行了实证分析，证实了国内生产总值、汇率、实际利用外商投资和居民消费水平对我国外贸有着显著的影响。根据国际贸易理论，具有比较竞争优势的商品更具有国际竞争力。在出口贸易过程中，成本的降低可以获得价格竞争优势，同时提高产品技术含量也可以提高产品的国际竞争力。因此，选择人均地区生产总值（PGDP）、外商投资总额（TFI）、货运量（FREIG）、科学技术支出在财政支出的占比（GOV）作为控制变量。

（1）人均地区生产总值（PGDP）：人均地区生产总值是指一个地区在一定时期内新创造的人均价值，代表一个地区的经济生产能力和经济发展状况，反映一个地区的经济发展水平与出口的能力。

（2）外商投资总额（TFI）：经济全球化的背景下，外商在中国的投资迅速增长，外国直接投资作为我国吸引外资的主要形式大量涌入，而外商投资的加工贸易倾向是其在中国的资源禀赋、政府政策和自身发展等理性条件下的结果，它对我国对外贸易的发展起着越来越重要的作用。

（3）货运量（FREIG）：货运量的大小能够直接体现地区物流水平与贸易繁荣程度，物流行业与进出口贸易之间存在着一定的因果关系，在这种因果关系的影响下，物流对进出口贸易的积极影响更甚于进出口贸易对物流业的影响。

（4）科学技术支出在财政支出的占比（GOV）：科学技术是第一生产力，同时是数字经济发展的一大支撑力。不同社会阶段生产力的差异，就是科学技术的差异。在科学技术快速发展的时代，生产力不断提高。科学技术的运用，提高产品质量的同时，还可以使得生产成本降低。科学技术支出占比，代表一个地区对数字经济发展的重视程度和付出的努力。科学技术支出越多，收获的就越多。

4.2 数据来源

本文数据来源于2012~2021年的《中国统计年鉴》和中国各省份的

统计年鉴。根据经济水平，将31个省份进一步划分为东部、中部、西部地区。东部地区包括北京、天津、河北、辽宁、上海、江苏、浙江、福建、山东、广东、海南、吉林、黑龙江；中部地区包括山西、安徽、江西、河南、湖北、湖南；西部地区包括内蒙古、广西、重庆、四川、贵州、云南、西藏、陕西、甘肃、青海、宁夏以及新疆。

4.3 各变量的描述性统计

各变量的描述性统计利用Stata14.0软件获得，如表4-1所示，可以看出，被解释变量出口贸易总额的最大值为6465，最小值为1.6，从而可以看出我国各省份的出口贸易总额差值很大，说明各省的贸易水平有很大的差距。在解释变量方面，互联网域名数的最大值为882.5，最小值为0.4，表明我国各省份互联网使用人数以及互联网建设有很大的差距；新产品开发项目数最大值和最小值分别为166140和7，由此可以看出我国各省的技术创新能力有很大的差距，有些省份的技术创新能力还有很大的进步空间。

表4-1 各变量描述性统计

变量名称	变量含义	观测值	平均值	标准差	最大值	最小值	置信度（95%）
EXP	出口贸易总额	310	729.6326	1299.969	6465	1.6	145.2796
YCM	互联网域名数	310	91.72645	136.2678	882.5	0.4	15.22877
NPDP	新产品开发项目数	310	14887.35	23811.39	166140	7	2661.07
PGDP	人均地区生产总值	310	216.3678	3711.543	65354	1.6413	414.7879
TFI	外商投资总额	310	1937.075	3383.066	27450	7.259397	378.0786
FREIG	货运量	310	13.99871	9.660973	43.4298	0.102763	1.079674
GOV	科学技术支出占比	310	0.020197	0.014713	0.067569	0.003029	0.001644

4.4 实证结果与分析

4.4.1 豪斯曼检验

本文应用2011~2020年中国31个省份的面板数据，可以在时间和空间两个维度提供更多信息。由于混合回归会忽略个体之间的差异性，所以我们应使用随机效应模型或固定效应模型估计方程（1），首先应用豪斯曼检验确定应选择哪种模型。利用 Stata14. 0 软件得到豪斯曼检验结果如表 4-2 所示。

表 4-2　豪斯曼检验结果

	FE	RE	Var（Diff.）	Prob.
GOV	18. 8125584	18. 602422	2. 892414	0. 9017
lnYCM	0. 121360	0. 048317	0. 000097	0. 0000
lnPGDG	0. 010347	-0. 008540	0. 000030	0. 0005
lnTFI	-0. 045763	0. 002916	0. 000135	0. 0000
lnFREIG	-0. 273964	0. 211115	0. 009839	0. 0000
lnNPGP	-0. 059052	0. 174544	0. 000807	0. 0000

Prob>Chi2 = 0. 0000

豪斯曼检验显示，统计量 Chi2（6）= 106. 018，p 值为 0. 0000 < 0. 01，在 99%的置信水平拒绝原假设即个体效应与解释变量不相关，应该使用固定效应模型。

4. 4. 2　总体模型的回归结果分析

数字经济对出口贸易影响利用 Stata14. 0 软件做出回归，回归结果如表 4-3 所示。

表 4-3　数字经济对出口贸易影响的回归结果

	(1)	(2)	(3)
lnYCM	0. 185* (1. 99)	0. 121** (2. 53)	0. 175* (2. 02)
lnDPNP	0. 002 (0. 01)	-0. 059 (-0. 35)	-0. 051 (-0. 28)
lnPGDG	—	0. 010 (0. 77)	0. 007 (0. 48)

续表

	(1)	(2)	(3)
lnTFI	—	-0.046 (-0.63)	0.098 (1.04)
lnFREIG	—	-0.274 (-0.65)	-0.280 (-0.61)
GOV	—	18.838** (2.19)	18.571** (2.40)
常数	4.717** (2.70)	6.010*** (3.72)	4.841** (2.39)
N	310	310	310
R^2	0.165	0.121	0.238
个体效应	YES	YES	YES
时间效应	YES	NO	YES

注：*、**和***分别表示在10%、5%和1%水平上显著；括号内是异方差稳健性标准误。

表4-3中（1）列是只考虑主要解释变量的回归结果，（2）列和（3）列分别是没有考虑时间效应与考虑时间效用的估计结果，综合来看，回归结果总体是稳健的。由（3）列可看出：

第一，新产品开发项目数的系数为负，且结果不显著，说明了新产品开发项目数的增加，即技术创新水平对我国出口贸易没有显著的影响。本文认为出现此情况的原因在于短期内新产品的开发需要有大量的资金投入，甚至还会挤占企业克服出口固定成本的部分资金，从而不利于出口贸易增长。与此同时，虽然技术有所创新，但是创新成果不一定满足国外客户的差异化需求，从而对出口贸易发展作用不显著。

第二，互联网域名数的系数为正，且在10%的水平上显著，这说明互联网域名数的增加有微弱的正向促进作用。这是因为互联网域名作为互联网基础设施重要的一部分，数字经济的发展依存于互联网。互联网打破了传统的出口贸易时间和空间的限制，提高了信息交流效率以及信息可信度，极大地降低了出口成本以及贸易交易风险，为我国出口贸易提供了一个信息交流、交易融资、安全可靠的平台。

第三，在控制变量中，人均地区生产总值和外商投资总额的系数为正，货运量的系数为负，且结果不显著，科学技术支出在财政支出的占比系数为正，且在5%的水平上显著。人均地区生产总值的提升意味着当地经济水平的发展，可以提升当地的出口贸易竞争能力，而货运量的大小可以表示一个地区的货运能力，可以为出口贸易的运输提供更好的服务，从而对一个地区的出口贸易水平的提升有很大的助力。科学技术支出占比则代表政府对科技创新的重视程度，政府的支持对出口贸易起到重要作用。

4.4.3 地区异质性分析

为了进一步分析数字经济的出口贸易效应在各区域的差异性，本文利用 Stata14.0 软件分区域进行回归分析，结果如表 4-4 所示。

表 4-4 分地区回归结果

	东部地区	中部地区	西部地区	东部地区	中部地区	西部地区
	(1)	(2)	(3)	(4)	(5)	(6)
lnYCM	0.073*	0.026	0.392***	0.091**	0.061	0.299**
	(1.937)	(0.277)	(2.806)	(2.434)	(0.712)	(2.044)
lnNPDP	0.417***	-0.086	-0.303**	0.316***	0.006	-0.193
	(5.126)	(-0.866)	(-2.283)	(3.203)	(0.068)	(-1.419)
lnPGDP	—	—	—	0.018	-0.626	0.350
				(0.892)	(-1.391)	(0.576)
lnTFI	—	—	—	0.078	0.317***	0.250
				(1.537)	(3.638)	(1.530)
lnFREIG	—	—	—	0.507***	-0.340*	-0.984***
				(3.184)	(-1.832)	(-3.074)
GOV	—	—	—	-2.053	-1.839	6.372
				(-0.523)	(-0.379)	(0.322)
常数	2.313***	5.621***	5.608***	1.505*	4.493***	4.887***
	(3.053)	(6.722)	(5.825)	(1.721)	(3.667)	(4.264)

续表

	东部地区	中部地区	西部地区	东部地区	中部地区	西部地区
	(1)	(2)	(3)	(4)	(5)	(6)
N	130	60	120	130	60	120
R^2	0.175	0.837	0.218	0.446	0.910	0.382
个体效应	YES	YES	YES	YES	YES	YES
时间效应	YES	YES	YES	YES	YES	YES

注：*、** 和 *** 分别表示在 10%、5% 和 1% 水平上显著；括号内是异方差稳健性标准误。

通过表 4-4 中（4）列东部地区的回归结果显示，互联网域名数的系数为正，且在 5%的水平上显著，这说明互联网域名数的增加对出口贸易有显著的正向促进作用。新产品开发项目数的系数为正，且在 1%的水平上显著，这说明新产品开发项目数的增加对出口贸易有非常显著的正向促进作用。本文认为东部地区无论是在数字经济基础设施发展水平还是技术创新水平都远远优于其他地区，结合东部地区的沿海优势，依靠优越的地理位置，在我国出口贸易中占据了优势。东部地区的各个省份互联网发展迅速，技术创新水平不断提高，也带动我国出口贸易发展迅猛。

通过表 4-4 中（5）列中部地区的回归结果显示，互联网域名数和新产品开发项目数对出口贸易总额均呈现不显著的正相关影响，这表明互联网域名数和新产品开发项目数的增加对中部地区出口贸易没有显著的影响。本文认为发生此种现象的原因在于中部地区相较于东部地区各方面发展相对落后，数字经济基础设施建设和技术创新水平的发展在劣势面前微不足道。中部地区交通相对于东部地区较堵塞，在商品交换运输等方面处于劣势，而互联网和技术创新的发展很难改善这一情况。互联网和新产品的出现给中部地区出口贸易带来促进作用的同时，对其影响还不显著，还有待进一步的发展。

通过表 4-4 中（6）列西部地区的回归结果显示，新产品开发项目数对出口贸易不显著，互联网域名数呈现 5%水平上显著的正相关，且影响程度要大于东部地区。这说明新产品开发项目数的变化对西部地区出口贸易没有显著的影响，互联网域名数的增加对出口贸易有显著的正向促进作用。本文认为西部地区深居大陆内部，无论是经济发展，还是通信情况都有些不尽如人意。互联网的发展以及新产品开发项目数微小的变动都会给西部地区带来比较明显的变化。就互联网发展而言，东部地区随着长期的发展，互联网的技术已经趋近成熟，对出口贸易额的影响会相对较小。而对于西部地区而言，新的互联网技术的引入，会给西部地区带来变革性的创新，促进发展，打破地域环境的障碍，更好地完成出口贸易。西部地区的发展已经在地理位置、交通运输、通信设备严重落后于其他地区，我们需要对西部地区的发展投入更多的关注，从而促进我国出口贸易更长远的发展。

综上所述，数字基础设施和技术创新水平对东部地区出口贸易具有很显著的正向促进作用，对中部地区不显著，数字基础设施水平对西部地区有比较显著的正向促进作用，技术创新水平不显著，这说明了中西部地区技术创新水平较低，对出口贸易没有显著的促进作用。由三个地区的回归结果对比可以看出数字经济的出口贸易效应在地区之间存在很大的差异性，数字经济发展的地区差异性导致其对当地出口贸易的影响也不相同。

5. 数字经济背景下我国出口贸易发展的对策建议

5.1 推动数字技术发展，提升我国出口贸易竞争力

数字经济以数字技术为核心。目前，中国高新技术产品的出口能力虽然有所提高，但与欧美等发达国家还有较大差距。中国应高度重视数字产业的快速发展，并为数字产业的发展创造更加有利的经济和政策环境。中

国必须审时度势，加强对数字产业技术的研发和创新，获得数字技术的主动权，提高我国在科技层面的出口竞争力。

一是切实提高出口贸易产品附加值。目前，我国的主要出口商品是机械设备，但总体水平较低。我们应该重点推动外贸企业的结构调整，提高出口贸易产品的技术含量，增加产品的附加值。在经济新常态背景下，积极采取有效措施，最大限度地挖掘和激发我国外贸企业的活力，通过自身科技力量进行自主技术研发创新，优化我国出口贸易产业结构，从而进一步增强我国外贸企业在国际市场的竞争力。

二是国家要继续加大对外贸企业技术自主创新和技术产业化的支持力度。长期以来，我国的出口贸易一直还是以低成本的劳动和技术资本为主要特征的劳动密集型产业，尤其是在我国劳动力市场相对低廉的情况下，我国的出口贸易额一路飙升。但是与欧美国家相比，该阶段我国出口贸易的产品技术含量相对较低，面临的国际市场竞争也越来越激烈。因此，要继续稳步增加企业在高新技术产品和自主创新研究方面的投资，提高出口产品的质量和技术含量，降低企业对低劳动力成本比较优势的依赖，从而使我国出口的国际竞争力得到持续增强。

5.2 完善并加强数字经济基础设施建设

数字经济基础设施建设是数字经济发展强大的基础支撑，是现代国家数字贸易发展的根基。互联网等硬件设施的快速发展对出口竞争力有一定的促进作用，宽带网络的建设速度、普及率情况和服务费用，直接决定着数字贸易发展的覆盖广度和深度。因此中国要全面加强数字经济既相互建设，又为区域经济发展、提高出口竞争力创造有利的数字化生态环境。一是把加强数字基础设施建设的重要性上升到更高层面（蓝庆新和窦凯，2017）。二是降低数字基础设施行业发展的相关市场准入门槛。三是不断加强新技术的自主研发。通过对数字经济基础设施的建设，促进我国数字经济发展，间接地对我国出口贸易产生积极影响。

5.3 注重各地区数字经济的平衡发展

国家的出口不能完全依靠于个别的区域或城市，应当根据当地的实际情况，寻找地区自身的发展优势。在国家层面上，要根据区域的特点，制定有针对性的差别化政策，充分利用区域的资源和产业优势，在全国范围内形成一条南北纵横生产流水线。在区域层面上，要加大基础设施建设，营造良好的经济发展生态环境，并制定数字人才引进政策，为国家数字化转型打下坚实的基础。东部地区应主要发展技术优势，充分利用数字经济对中国出口竞争力的影响，重视科技创新，提升出口竞争力，提升中国的国家地位。而西部地区在创新能力和数字基础设施发展方面存在短板，互联网虽然在西部地区不占优势，但是其发展是可以显著促进西部地区出口贸易额增长的。所以西部地区进一步加强数字经济基础设施建设，提高企业的技术创新能力。

参考文献

[1] 逄健，朱欣民．国外数字经济发展趋势与数字经济国家发展战略［J］．科技进步与对策，2013，30（8）：124-128.

[2] 李忠民，周维颖．美国数字贸易发展态势及我国的对策思考［J］．全球化，2014（11）：60-72+134.

[3] 裴长洪，倪江飞，李越．数字经济的政治经济学分析［J］．财贸经济，2018，39（9）：5-22.

[4] 沈国兵，袁征宇．企业互联网化对中国企业创新及出口的影响［J］．经济研究，2020，55（1）：33-48.

[5] 何菊香，赖世茜，廖小伟．互联网对中国贸易的影响——基于29个省市的空间动态效应实证分析［J］．北京邮电大学学报（社会科学版），2015，17（4）：56-62.

[6] 施炳展．互联网与国际贸易——基于双边双向网址链接数据的经验分析［J］．经济研究，2016，51（5）：172-187.

［7］陈戎．数字经济发展对中国出口贸易的影响——基于省级行政单位的面板数据［D］．济南：山东大学，2020.

［8］杨新铭．数字经济：传统经济深度转型的经济学逻辑［J］．深圳大学学报（人文社会科学版），2017，34（4）：101-104.

［9］SUN M. The Internet and SME Participation in Exports［J］. Information Economics and Policy，2021（1）：172-185.

［10］李巍，王沛麟，蔡一婷，洪源．基于通关效率的定制化产品出口竞争及对策分析［J］．中国软科学，2019（1）．

［11］范鑫．数字经济与出口：基于异质性随机前沿模型的分析［J］．世界经济研究，2021（2）．

［12］陈秀英，刘胜．数字化时代中国服务贸易开放的壁垒评估及优化路径［J］．上海经济，2019（6）：5-15.

［13］何勇，陈新光．互联网影响国际贸易的理论与实证研究［J］．经济经纬，2015，32（4）：54-60.

［14］张国印，倪得兵，唐小我．企业创新能力、消费者参与和新产品开发［J］．管理学报，2021，18（2）：253-261.

［15］黄锃里．数字经济发展对出口贸易效率的影响研究——基于浙江省各市的面板数据［C］．浙江科技学院，2021.

［16］马兆良，宛文莉．数字经济赋能中国出口贸易发展——基于省际面板数据的经验研究［J］．江苏海洋大学学报（人文社会科学版），2022，20（1）：81-91.

［17］王慈珺．我国对外贸易影响因素的实证研究——基于宏观视角［J］．经贸实践，2018（7）：212+214.

［18］蓝庆新，窦凯．共享时代数字经济发展趋势与对策［J］．理论学刊，2017（6）：55-61.

绿色贸易壁垒对我国农产品出口的影响研究

摘要：农产品出口是我国外贸的重要组成部分，但是近年来一些发达国家出于对其国内市场的保护，对进口本国的农产品实行绿色贸易壁垒，使我国农产品在国际市场上屡屡遭遇阻碍。本文首先通过描述统计法介绍了我国农产品出口的贸易现状以及我国农产品遭受绿色贸易壁垒的情况。其次理论研究绿色贸易壁垒对我国农产品出口的影响机制和提出相关研究假设，并进一步运用面板数据模型和固定效应法进行实证检验。研究发现绿色贸易壁垒对我国农产品出口有显著的负向影响，经过内生性处理后结果依然稳健，异质性分析发现发达国家实施绿色贸易壁垒对我国农产品出口的负向影响程度大于发展中国家。最后从政府、企业、国民角度提出绿色贸易壁垒下我国农产品出口的对策建议。

关键词：绿色贸易壁垒；农产品出口；影响；对策

1. 引言

随着国际贸易的不断发展，传统关税壁垒减弱，非关税壁垒扩大。发达国家以保护市场为借口，对进口产品实行绿色贸易壁垒，建立严格的法规和标准。中国自古以来就十分重视农业的发展，农产品贸易占中国对外贸易的主体。当前，我国农产品出口面临着绿色贸易壁垒的限制，严重阻碍了我国农产品出口贸易的发展。因此，研究绿色贸易壁垒对我国农产品出口的影响对我国农业转型升级、改善农产品出口环境、促进农产品出口贸易的扩大具有现实意义。

在这个基础上，本文试图对这个领域的现存的各种研究、文献进行归结。关于我国学者对绿色贸易壁垒这一问题的研究可以追溯到 20 世纪末。1994 年，夏友富（1994）是我国首先开始对绿色贸易壁垒研究的学者，在此之后，绿色贸易壁垒这一概念逐渐被人们所知。关于绿色贸易壁垒对农产品出口的影响，文献主要分为两类，一类是我国农产品遭遇绿色贸易壁垒的现状，另一类是绿色贸易壁垒对我国出口农产品的影响。关于我国农产品遭受绿色壁垒的现状，Tao（2016）指出随着绿色贸易壁垒的增加，我国的贸易摩擦增加，农产品出口数量大幅下降。我国农产品贸易形势不容乐观。李亚敏（2023）指出我国农产品出口在农药残留限量标准、检验检疫措施、绿色标签与包装方面受限制较多。关于绿色贸易壁垒对我国农产品出口的影响，Zhen 等（2023）指出绿色贸易壁垒对提高该国农业绿色全要素生产率具有积极作用。张世军（2020）指出绿色贸易壁垒下，经常会出现各种贸易摩擦和纠纷，致使农产品的出口环境不断恶化，不但给农产品出口企业带来了一定影响，同时也损害了我国广大农产品生产者的利益。综上所述，关于绿色贸易壁垒这一方面的文献研究非常丰富，涉及多个方面。然而，这些文献研究还存在一些不足：一是以往研究比较分散，主要侧重于研究绿色贸易壁垒或农产品出口的单一方面，将两者结合进行系统理论与实证研究的文献较少；二是研究时间比较久远，不能反映目前我国出口农产品受绿色壁垒的状况。

综上所述，本文在研究绿色贸易壁垒对我国农产品出口的影响时，把我国遭受绿色贸易壁垒的状况、绿色贸易壁垒对我国农产品出口影响的理论机制与作用效果进行全面系统的研究。为了使研究更具有时效性，本文大部分选取的研究时间为 2002~2021 年，时间选取跨度长、数据新颖。为使研究更具有说服性，本文采用引力模型进行实证研究，将绿色贸易壁垒量化为 TBT-SPS 数量和（TBT 数量选取 ICS 分类为农业和食品技术），引入多个控制变量，对我国农产品出口较多的 10 个国家构建 2002~2021 年的面板数据并进行固定效应分析。为了防止变量间存在潜在内生性，本文采取滞后一期进行内生性分析。然后，本文将选取的10个国家分为发达国家和发展中国家进一步进行异质性检验，发现发达国家实施绿色壁垒对我国农产品出口的负向影响更大。进而提出绿色贸易壁垒下我国农产品出口的对策建议，为我国出口屡遭绿色贸易壁垒阻碍的农产品提供了理论支持与政策参考。

2. 我国农产品出口贸易现状

自2001年加入世界贸易组织（WTO）以来，中国对外贸易不断发展，贸易对象更加多元化，而且贸易额也显著攀升。农业一直是我国的主要产业之一，农产品的出口贸易在中国的整体出口贸易中占有相当重要的地位。本文在对农产品进行分析时，遵循了农业农村部对农产品贸易常用的界定范围，即以乌拉圭回合农业协议的农产品口径为基础，并添加了水产品，具体包括HS编码第一章至第二十四章，另外还包括2905.43、2905.44、33.01等。而本文中关于农产品对外贸易的数据主要来自农业农村部以及UN Comtrade。

2.1　农产品出口贸易规模不断扩大

加入世界贸易组织后，我国农产品贸易获得较快增长，如图2-1所示，2002~2021年，我国农产品出口总量和占全球出口总量的比重总体呈上升趋势，除2008年和2020年的农产品出口下降外。中国农产品出口贸易额从2002年的180.4亿美元到2011年的607.5亿美元，十年间增加超200%，现在2022年农产品出口额高达982.6亿美元。

从图2-1中我们也可以看出我国农产品进口总额也在不断上升，进出口差额逐渐扩大。以2004年为界限，2004年首次出现农产品贸易逆差，自此除2009年金融危机影响导致差额大幅缩小外，我国农产品贸易逆差呈扩大趋势，从 2004 年的-46.40 到 2021 年的-1354.70。贸易逆差的不断增大说明我国农产品的国际竞争力不足，我国对于农业的保护不够。因此，面对近年来发达国家不断增加的绿色贸易壁垒，我国出口受限，在国际市场上处于不利地位。

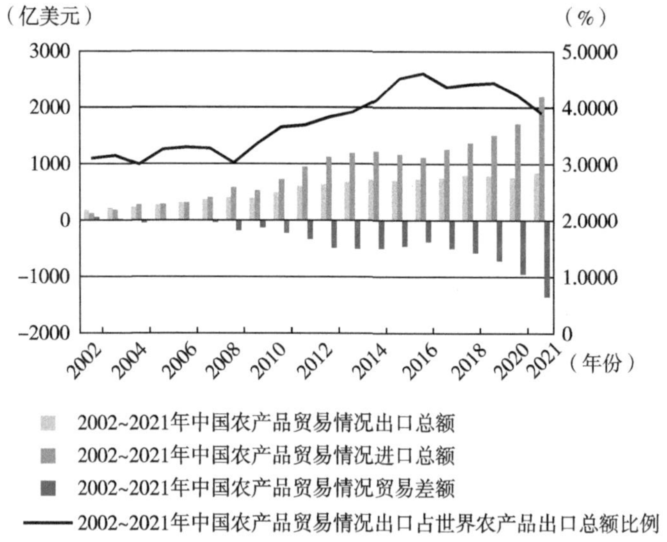

图 2-1　2002~2021 年中国农产品对外贸易情况

资料来源：中华人民共和国农业农村部，UN Comtrade。

2.2　农产品出口商品以劳动密集型为主

根据农业农村部的相关数据统计，从主要农产品的出口额来看，2022 年，水产品出口额达 221.98 亿美元，占出口总额的 22.35%；蔬菜出口额为 172.18 亿美元，占比为 17.34%；水果出口额为 69.16 亿美元，占比为 6.96%；畜产品出口额为 64.06 亿美元，占比 6.45%；总计占比 53.10%。这说明我国农产品出口的“产品集中度”相对较高，中国主要出口劳动密集型高价值的农产品，而传统的土地密集型产品谷物、油料作物、玉米等在农产品出口总额中所占比重相对较低。

根据要素禀赋理论，由于我国人口众多而耕地有限，使得土地密集型产品相较于劳动密集型产品缺乏优势。这种资源禀赋的条件决定了我国农产品出口结构与国情密切相关。然而，这样的农产品出口结构也容易受到国际贸易的绿色贸易壁垒的制约，对农产品出口造成一定的影响。

2.3 农产品出口市场集中

自中国加入WTO以来，我国的农产品出口市场已经呈现出多元化的趋势，但总体上仍然存在比较高的出口集中度，主要市场仍然集中在中国香港、日本、韩国和美国等地。目前来看，我国的农产品出口的市场依旧比较集中。根据中华人民共和国商务部的数据，在农产品出口的市场分布方面，亚洲一直是我国农产品出口最多的大洲，2022年，亚洲地区占据了我国农产品出口额的61.6%，其次是欧洲和北美洲。中国农产品对外出口市场总体上比较集中，按国家和地区来看，东盟237.4亿美元欧盟115.7亿美元，日本106.37亿美元，美国103.45亿美元，韩国62.53亿美元，合计占比63.7%。其中，日本由于国土面积小、与中国距离近，一直保持中国农产品出口最大的国外市场的地位。近年来，随着一系列开放政策的开展，推动了我国与东盟的农产品贸易，东盟也已成为我国重要的农产品出口市场。

由图2-2可知，我国农产品向美国、日本、韩国、欧盟、东盟的出口额之和占中国农产品出口总额的比例一直维持在50%以上，说明我国农产品出口的流向比较集中。自2006年中国-东盟“早期收获协议”下的农产品全部实现零关税以来，我国农产品向东盟的出口额不断增加，东盟成为我国第一大出口市场。而我国与日本、美国、韩国、欧盟这些国家、地区的出口却增长比较缓慢，占我国农产品出口的比重也有所下降。究其原因，可能是这些发达国家近年来实施了一系列卫生检疫标准和技术贸易壁垒措施，对我国农产品出口产生了很大的阻碍作用。

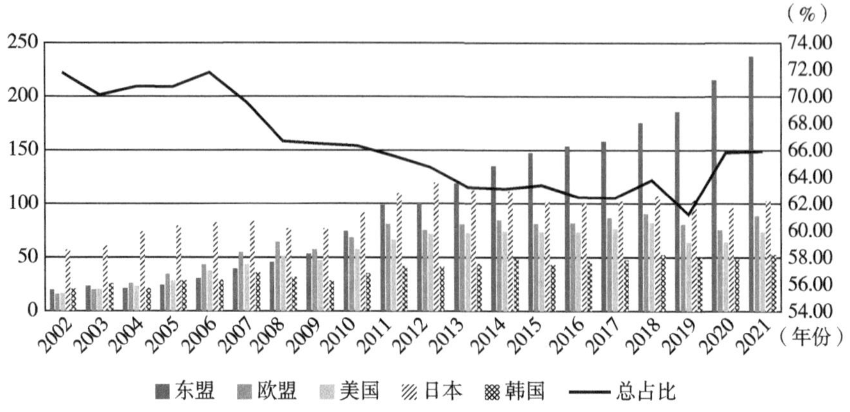

图 2-2　2002~2021 年我国向美、日、韩、欧盟、东盟农产品出口情况

资料来源：中华人民共和国商务部。

3. 我国农产品遭受绿色贸易壁垒的状况

3.1　我国遭受绿色贸易壁垒的形式分析

近年来，发达国家采取了越来越多样化的绿色贸易壁垒，对我国农产品的出口产生了很大的影响，我国主要遭受的几种绿色贸易壁垒如下。

3.1.1　绿色卫生检疫制度

绿色卫生检疫制度是指为了避免超标产品进入国内市场，进入国内市场的产品，需要被检测是否含有毒素、添加剂、污染物等。比较典型的例子是欧共体对食品中的 22 种农药残留规定了最高限量，而我国的执行标准与国际标准存在很大的差距，使出口到发达国家和地区的蔬菜和水果类产品受到严重制约（王一涵，2015）。

SPS 协定是卫生与植物卫生措施。经统计，美国在 2006 年和 2007 年增加了 757 项 SPS 措施，对进口本国的产品设置了各种各样严格的检疫标准，严重影响了中美农产品贸易。日本自 2006 年出台肯定列表制度后，我国出口日本的产品受到了很大的阻碍，图 3-1 是 2021 年日本厚生劳动省扣留（召回）我国不合格产品的原因。2021 年，日本厚生劳动省共扣留（召回）我国不合格产品 196 批次，这些产品被扣留（召回）的原因基本上都是没通过日本的绿色卫生检疫制度，其中扣留最多的是由于微生物污染，一共 49 批次，占比 25%。

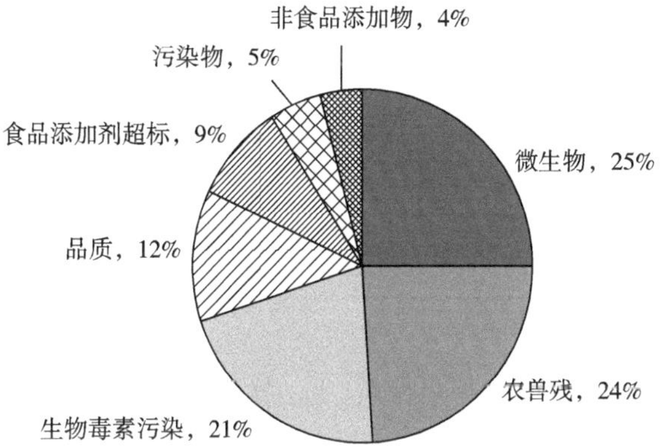

图 3-1　2021 年日本厚生劳动省扣留（召回）我国不合格产品的原因

资料来源：中国技术贸易措施网。

3.1.2　绿色技术标准制度

绿色技术标准制度指一些发达国家和新型工业化国家，为了减少环境污染和限制产品的进口，要求进口的产品必须达到某些技术标准（王一涵，2015）。而这些标准一般是按照发达国家技术标准指定的，发展中国家通常很难实现，美国和欧盟对此方面涉及较多。TBT 是国家或地区为了保护人类健康和安全、保护环境等采取的一些技术性措施。图 3-2 是 2002~2021 年针对 ICS 分类的 65 农业和 67 食品技术，美国、日本、韩国、欧盟向 WTO 申报的 TBT 数量，可以看出美国和欧盟每年都有很高的申报数。2001~2021 年，美国向 WTO 申报了 515 项 TBT 措施，欧盟向 WTO 申报了 766 项 TBT 措施。TBT 的实施大大提高了农产品出口的门槛，我国很多企业不具备这些技术，使我国很多农产品无法“走出国门”。

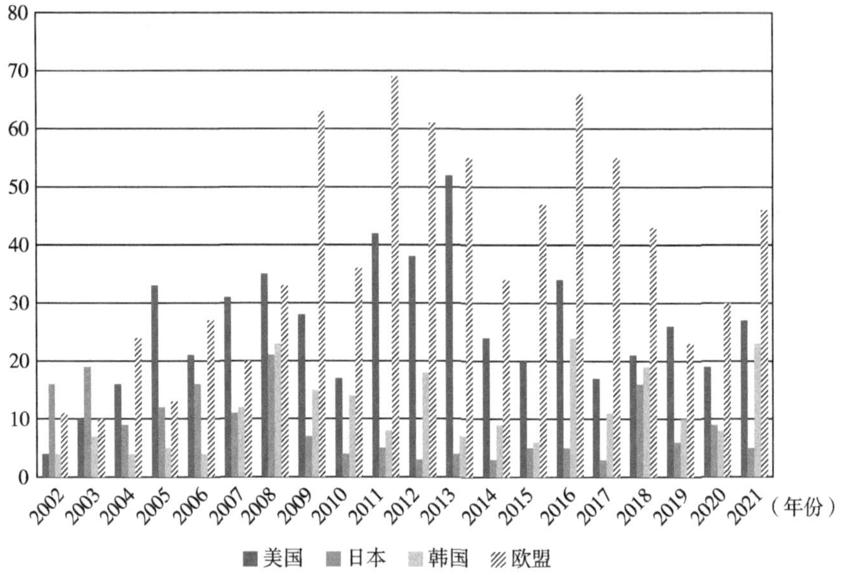

图 3-2　2002~2021 年美、日、韩、欧向 WTO 申报的 TBT 数量（ICS 分类为 65 和 67）

资料来源：中国 WTO/TBT-SPS 国家通报资讯网。

3.1.3　绿色环境标志

绿色环境标志是一种贴或印在产品或产品包装上的图形，表明产品在生产和使用中完全符合环保要求，对生态环境和人体健康是安全的（卜朝晖，2002）。进入绿色标签认证国家的产品必须先申请，通过绿色生态标签认证测试，并获得绿色生态标签认证证书后才可进口。德国于 1978 年推出了“蓝天使”计划，为 3600 种产品颁发了生态标签。此后，加拿大、日本和美国等国家相继推出了各种绿色标签计划，例如，加拿大的生态标签、日本的生态标签等（王一涵，2015）。根据卜朝晖（2002）的研究，外国经贸部门估计我国约有 40 亿美元的出口创汇在环境标志制度中被影响。此外，有关国家计算表明，每年我国受到发达国家发布的绿色标签产品种类的影响，对这些国家出口的产品额占比高达 24.88%。由于越来越多的国家推出了绿色环境标志计划，我国农产品出口将面临严重的挑战。

3.1.4 绿色关税

绿色关税也叫环保附加税，是由一方按照自身环境计划为保护环境对进口货物征收正常关税以外的额外税费，如生态补偿税、污染排放税、环境服务税等（王一涵，2015）。绿色关税的实施使我国农产品出口的成本增加，进而导致农产品出口价格上涨，削弱了我国国际市场竞争力，阻碍了我国农产品的出口。欧盟、美国均有设立绿色关税，而它们是我国农产品出口的主要市场，绿色关税的设立，将对中国农产品出口产生严重影响。像美国在2009年出台《清洁能源安全法案》，对没有达到美国碳排放标准的进口排放密集型产品征收高额的碳关税。而中国农业是典型的高碳排放模式，在生产过程中，农膜、农药和化肥等大量使用、农业废弃物处理不当、土地使用方式不当等，都会产生很高 CO_2 排放量（吴莉莉，2015）。美国是中国农产品的主要出口市场之一，碳关税的这一绿色关税的设立大大影响了中美农产品贸易。

3.1.5 绿色包装制度

绿色包装是指能够减少废弃物、节约资源，用后易于自然分解、不污染环境的包装（王一涵，2015）。这种包装有利于生态环境的保护，但是生产这种绿色包装需要耗费很高的经济成本，并且离不开先进技术的支持。因此发展中国家在此基础上在出口中陷入劣势，严重制约了贸易的进行。发达国家以法律的形式，对绿色包装进行严格的制约，像德国的《德国废弃物包装处理法令》，也是一种变相的绿色贸易壁垒。通过查阅发现，每年我国出口产品中因包装问题损失近240亿美元，因为那些产品的包装达不到那些发达国家的要求。花卉、新鲜水果、肉类和蔬菜在我国的出口商品中占有很大比例，由于这些商品对包装的要求很高特别是保鲜水平。但是我国很多商品包装粗糙，使得在运输过程中成本加大，增加了商品的毁坏率，对我国经济产生了很大损失（赵虎林，2017）。

3.2 我国农产品被召回批次概况

近年来，由于绿色贸易壁垒措施的不断实行，我国出口的农产品屡遭扣留和召回。表 3-1 展示了 2022 年我国出口农产品被扣留（召回）情况。2022 年，我国被韩国、美国、欧盟、日本有关部门共扣留（召回）不合格农产品 1259 批次，同比增长 17.2%。其中，美国 FDA 扣留（召回）批次同比增长超 50%，韩国食药厅扣留（召回）批次同比增长 16.2%。可以看出近年来，在各种绿色贸易壁垒不断增多的情况下，我国农产品出口面临着严峻的形势。

表 3-1　2022 年我国出口农产品被扣留（召回）情况　　单位:%

出口国家/组织	扣留（召回）批次	所占比例	同比
韩国食药厅	315	25.01	+16.2
美国 FDA	651	51.71	+53.9
欧盟食品和饲料委员会	149	11.83	-0.04
日本厚生劳动省	144	11.44	-13.3
总计	1259	100.00	+17.2

资料来源：中国技术贸易措施网计算得出。

4. 绿色贸易壁垒对我国农产品出口影响的理论分析

4.1　绿色贸易壁垒对我国农产品出口的积极影响

4.1.1　绿色贸易壁垒有助于我国改善农业生态环境，发展绿色农业

绿色贸易壁垒在一定程度上促进了我国的环境保护事业的发展，绿色壁垒迫使我们在生产中践行绿色、环保的理念。涂咏梅（2009）认为绿色壁垒使我国农业生产尽快适应绿色贸易标准，将推动资金和政策倾向利

于突破绿色壁垒的环保型农产品产业，有利于发展我国的绿色农业，维持农业发展的生态平衡。

4.1.2 绿色贸易壁垒促进了农产品经营企业的技术创新

随着绿色贸易壁垒的盛行，农产品出口受到一定限度。企业为了扩大农产品的出口，增加销售收入，必须要从生产方面进行更新换代，更高效率的生产符合检验标准的产品，把握市场机会。张琳（2006）指出，一直以来我国农业方面没有投入太多的科技，农业基础设施不完善，农业技术人才稀少。面对绿色壁垒农产品出口的高要求，我国企业必须转型升级，在产品的制造、生产、加工流程、流通、出售等步骤上也不断提高技能水平，争取通过对应行业的国际认证，扩大绿色包装的使用，争取打破“绿色瓶颈”的制约。

4.2 绿色贸易壁垒对我国农产品出口的消极影响

4.2.1 加大了我国农产品的出口难度，降低了农产品出口

在绿色壁垒背景下，发达国家对我们实行了严格的卫生检验制度和农产品农药残留标准，对我们的农产品出口造成了严重的冲击。如近年来日本制定了有关有害物质管理和绿色消费及环保的法律法规、美国制定了以《消费者安全保护法》为代表的5部法规。由于我国大部分出口农产品的企业、厂商不具备发达国家所要求的技术标准，且许多农产品在生产过程中因化肥、农药等的使用达不到发达国家对农产品进口的标准。因此，绿色壁垒的实施使我国很多农产品在出口过程中面临着被召回和扣留的风险，减少了农产品出口的种类和数量。

4.2.2 削弱了我国农产品的国际竞争优势

随着中国加入WTO，中国与其他国家的经贸活动越来越多。我国劳动力成本较低，所以农产品一直是我国的一类优势产品，在我国对外贸易中占有很重要地位。但是，由于西方发达国家对环境保护的要求越来越高，中国在出口方面的传统优势逐渐被弱化。发达国家以其雄厚的经济力量和高技术水准，制订出一套比发展中国家更严格的环保规定，因此，出

口公司要想满足这些要求，就必须在生产、加工和运输等方面都要付出额外的代价，这样，我们原有的农业产品的价格优势就会荡然无存，随之带来的就是农业产品的生产成本的上升，从而导致市场上的售价也会随之上升。这将不可避免地降低我国农业的国际竞争力（张琳，2006）。

4.2.3 缩减农产品出口的范围

自“入世”以来，我国农产品出口的贸易对象就比较集中，亚洲是我国农产品出口的第一大市场，国家主要有美国、日本、欧盟、韩国等发达国家和新型工业化国家。这些国家正是采取绿色贸易壁垒措施比较早的国家，它们的环保技术比较先进、生态标签全面，绿色贸易壁垒实施多样化、严格。鉴于这些国家制定的标准中国农产品在短时间内难以达到，中国农产品出口市场规模可能会萎缩。此外，由于绿色贸易壁垒本身具有一定的传导性，导致很多其他国家也开始实行绿色壁垒，不利于我国农产品出口市场的拓展（宗宁和苏思源，2020）。

4.2.4 不利于双边或多边贸易关系的形成

近年来，农产品出口的国际标准也在绿色贸易壁垒的限制下逐渐提升，不利于中国向其他国家出口农产品，在双边或多边贸易关系的形成方面产生了很大的阻碍，使其在有限时间内不能落实到位。甚至有时会发生贸易摩擦，李燕娥（2016）指出我国国内现在已经有很多检验标准，我国农产品在出口前都已通过，但仍有一些发达国家为了排挤我国农产品设定没有实际作用的严苛检验标准，可能会引发双方的贸易摩擦。

4.3 绿色贸易壁垒对我国农产品出口影响的研究假设

针对上述绿色壁垒对我国农产品出口的两方面影响，由于目前我国一些绿色农业政策具体落实需要一定的时间，企业技术转型升级也需要多方面的支撑，面对越来越盛行的绿色贸易壁垒，我国农产品出口仍然面临着巨大的危机。本文在此基础上提出两个假设：

假设1：绿色贸易壁垒对我国农产品出口的消极影响大于积极影响，即绿色贸易壁垒对我国农产品的出口产生负向效应。

假设 2：发达国家由于社会生产力和环境保护意识高，绿色贸易壁垒实行的更早、种类更多，对我国农产品出口的负向影响更大。

5. 绿色贸易壁垒对我国农产品出口影响的实证研究

为了进一步探索绿色贸易壁垒对我国农产品出口的影响，本文在上章理论研究的基础上对绿色贸易壁垒与农产品出口之间的关系进行实证研究。

5.1 模型设计及变量选取

贸易引力模型认为国民生产总值和两国之间的距离可用来分析双边贸易流量，并得出出口量与 GDP 成正比，与距离成反比的结论。

边洁英（2014）在研究日本绿色贸易壁垒对中国农产品出口影响的引力模型时，以日本农产品农药残留标准为核心解释变量，考虑 GDP、两国人口等变量影响。廖程盛和廖良美（2016）首次引入日本向 WTO 通报的 TBT-SPS 数量作为衡量绿色贸易壁垒的指标，认为这样更具有代表性。TBT 是技术性贸易壁垒协议，SPS 是实施动植物卫生检疫措施协议，两者是我国出口商品所必须遵循的协议。

本文参考孙红雨和佟光霁（2019）绿色贸易壁垒对中俄农产品出口贸易影响的引力模型，结合先前的文献资料，以进口国每年向 WTO 通报的 TBT 和 SPS 数量之和（TBT 数量选取的是 ICS 分类 65 农业和 67 食品技术）代表进口国对我国农产品出口设置的绿色壁垒，构建 2002～2021 年我国对美国、日本、韩国、欧盟（以出口较多的英国、德国、荷兰为代表）、东盟（以出口较多的越南、马来西亚、泰国、印度尼西亚为代表）的农产品出口贸易的引力模型：

$$LnEX_{ijt}=\beta_0+\beta_1LnST_{jt}+\beta_2LnGDP_{jt}+\beta_3LnGDP_{it}+\beta_4LnDIS_{jt}+\beta_5POP_{jt}+\mu_{ij}+\lambda_t+\varepsilon_{ijt} \quad (5-1)$$

其中，i、j 和 t 分别表示中国、进口国和年份；被解释变量 EX_{ijt} 表示第 t 年中国对进口国发生的农产品的出口额；核心解释变量 ST_{jt} 表示进口国每年向 WTO 通报的 TBT 和 SPS 数量（TBT 数量选取的是 ICS 分类 65 农业和 67 食品技术）；GDP_{jt} 和 $CGDP_{it}$ 分别表示进口国和中国在 t 年的国内生产总值；DIS_{jt} 表示进口国首都与我国首都的距离×每年的国际原油价格指数；POP_{jt} 表示进口国在 t 年的人口数（涂咏梅，2009）；μ_{ij} 表示个体效应；λ_t 表示时间效应；ε_{ijt} 表示随机扰动项。

5.2 数据来源及变量解释

由于美国、日本、韩国、欧盟、东盟是我国农产品出口的主要市场，而欧盟中英国、德国、荷兰，东盟中的越南、马来西亚、泰国、印度尼西亚又是我国向这些地区出口较多的市场，所以本文选取日本、美国、韩国、英国、德国、荷兰、越南、马来西亚、泰国、印度尼西亚为进口国 j，数据选取的时间范围为 2002~2021 年。其他数据来源如下：我国向十个国家每年农产品的出口额数据由中国商务部网站《中国农产品出口月度统计报告》整理获得；各国的 GDP、POP（人口）由世界银行数据库获得；我国与各国的距离由 CEPII 网站查询获得，国际原油价格指数由 EIA 网站查询获得；各国向 WTO 通报的 TBT 和 SPS 数量则是从中国 WTO/TBT-SPS 国家通报资讯网上整理和计算得到的。各变量的含义、预期符号及理论说明如表 5-1 所示。

表 5-1　各自变量的含义、预期符号及理论说明

类型	变量	含义	预期符号	理论说明
被解释变量	$LnEX_{ijt}$	我国对各进口国每年的农产品出口额的对数值		被解释变量

续表

类型	变量	含义	预期符号	理论说明
核心解释变量	$LnST_{jt}$	进口国当年向 WTO 通报的 TBT 和 SPS 数量（TBT 选择 ICS 分类 65 农业和 67 食品技术）的对数值	-	通报数说明进口国农产品标准出台，对我国农产品出口贸易有一定阻碍作用
控制变量	$LnGDP_{jt}$	进口国当年的国民生产总值的对数值	+	进口国经济发展水平越高，对农产品的需求及进口能力越高
	$LnGDP_{it}$	我国当年的国民生产总值的对数值	+	出口国国民经济发展水平越高，农产品出口越强
	$LnDIS_{jt}$	进口国与我国首都之间距离×当年国际原油价格指数的对数值	-	两国距离越大，运输途中的成本越高，阻碍农产品贸易的发生
	POP_{jt}	进口国当年人口	+/-	进口国人口越多，对农产品的需求越大，但同时农产品的供给能力提升

5.3 模型回归结果分析

本文利用 Stata 17.0 对样本数据进行回归分析，建立 10 个横截面（美国、日本、韩国、英国、德国、荷兰、越南、马来西亚、泰国、印度尼西亚）和 6 个变量（1 个因变量和 5 个自变量），时间跨度为 2002~2021 年。

5.3.1 模型选择

在面板数据模型的选择方法上，通常采用 F 检验和 Hausman 检验。F 检验决定选择混合 OLS 模型还是固定效应模型，Hausman 检验确定应选择固定效应模型还是随机效应模型。本文的 F 检验和 Hausman 检验如表 5-2 所示。

由表 5-2 可知，F 检验和 Hausman 检验的 p 值都为 0，小于 0.01，在 1%的显著水平下拒绝原假设，即否定混合 OLS 模型和随机效应模型。因此，本文在后续模型计算中选择固定效应模型进行回归分析。

表 5-2　F 检验和 Hausman 检验结果

F 检验		Hausman 检验	
F 值	Prob>F	Chi2（4）	Prob>chi2
71.65	0.0000	46.35	0.0000

5.3.2　基本回归结果

通过 STATA 17.0 软件对面板数据进行回归分析，如表 5-3 所示，第一列是套用的个体固定效应模型，第二列是时间个体双向固定效应模型。两列结果均表明核心解释变量 $LnST_{jt}$ 在 5%的显著水平下显著，且其系数与预期符号相同。进口国当年向 WTO 通报的 TBT（ICS 分类 65 和 67）和 SBS 数量对我国农产品出口有显著的阻碍作用，符合研究假设 1。进口国每增加 1 个百分点的 TBT 和 SBS 通报量，我国农产品出口贸易额下降 0.0553%。分析其原因可能为：一是绿色贸易壁垒下，农产品出口更加困难，检疫成本增加，丧失了价格优势；二是我国农产品出口缺乏预警机制，信息不能及时传递；三是我国农产品出口企业技术还比较落后，不能达到一些进口国家的技术标准；四是我国环保意识还比较淡薄、绿色经济观念缺乏。

表 5-3　固定效应模型回归结果

Variable	FE $LnEX_{ijt}$	FE $LnEX_{ijt}$	FE $LnEX_{ijt}$
$LnST_{jt}$	-0.0565** (-2.18)	-0.0553** (-2.01)	—
$L.LnST_{jt}$	—	—	-0.0546** (-2.00)
$LnGDP_{jt}$	1.225*** (13.96)	1.230*** (13.41)	1.276*** (13.76)
$LnGDP_{it}$	0.363*** (10.10)	0.399 (0.67)	0.291*** (4.36)

续表

Variable	FE $LnEX_{ijt}$	FE $LnEX_{ijt}$	FE $LnEX_{ijt}$
$LnDIS_{jt}$	-0.0667 (-1.36)	-0.0840 (-0.34)	-0.105 (-0.55)
POP_{jt}	-1.288*** (-4.07)	-1.237*** (-3.80)	-1.247*** (-3.80)
常数项	4.464*** (5.81)	4.631* (1.67)	4.999** (2.20)
Country FE	YES	YES	YES
Year FE	NO	YES	YES
N	200	200	190
Adjusted R^2	0.8916	0.8971	0.8960

注：*、**、***分别表示在10%、5%和1%水平上显著。

控制变量 $LnGDP_{jt}$ 在1%的显著水平上显著，且系数与预期符号相同。进口国 GDP 每增加 1 个百分点，出口贸易额增加 1.230%。究其原因可能是因为进口国 GDP 越高，代表其经济发展水平越高，进口能力越强，需求越高。

控制变量 POP_{jt} 对农产品出口贸易额是反向影响，且在 1%的显著性水平上显著。进口国人口每增加 1 亿人，出口贸易额减少 1.237%，说明劳动力增加带来供给的提高程度大于人们的需求程度的提高。

其余控制变量 $LnGDP_{it}$、$LnDIS_{jt}$ 对我国农产品出口额影响不是很明显，但系数符号都与预期相同。即我国 GDP 每增加 1 个百分点，我国农产品出口额增加 0.399%。说明我国经济发展水平的提高，促进我国农产品的出口，但从显著性看对农产品出口的影响程度不大。进口国与出口国距离每增加 1 个百分点，我国农产品出口额下降 0.0840%，说明在交通运输比较发达的现在，两国之间的距离对贸易的影响程度不是很大，不再是阻碍两国贸易发展的主要因素。

5.3.3 内生性分析

由于我国农产品出口总额近年来不断增加，因此可能会存在一些国家增加绿色贸易壁垒措施以限制我国农产品出口，即绿色贸易壁垒与我国农产品出口之间可能会存在反向因果关系造成的潜在内生性。因此为避免核心解释变量 $LnST_{ijt}$ 与被解释变量之间潜在内生性造成的结果不准确，本文对 $LnST_{ijt}$ 滞后一期并对面板数据重新进行一次双向固定回归。由表 5-3 的第三列可以看出，$L.LnST_{ijt}$ 仍然在 5%的显著水平上显著且系数符号与未滞后前相符。因此，可以说明滞后一期的进绿色贸易壁仍然会对我国农产品出口额产生负向影响，进一步证实了本文结果的稳健性。

5.3.4 异质性检验

由于发达国家的绿色技术标准更高、环保意识更强，绿色贸易壁垒实施的更早，种类更多。相较于发展中国家，其绿色壁垒对我国的影响程度更深。因此，为了探寻不同经济发展水平国家实施的绿色壁垒对我国农产品出口的影响，本文将上述 10 个国家按照发达国家和发展中国家分成两组，分别进行双向固定效应模型回归，回归结果如表 5-4 所示。

表 5-4 异质性检验结果

Variable	发达国家	发展中国家
	$LnEX_{ijt}$	$LnEX_{ijt}$
$LnST_{jt}$	-0.132***	-0.0891**
	(-4.70)	(-2.16)
$LnGDP_{jt}$	-0.0317	1.282***
	(-0.22)	(6.38)
$LnGDP_{it}$	0.509	1.131
	(1.02)	(1.27)
$LnDIS_{jt}$	0.135	-0.270
	(0.65)	(-0.73)
pop_{jt}	0.415	-3.040***
	(1.40)	(-6.95)

续表

Variable	发达国家	发展中国家
	$LnEX_{ijt}$	$LnEX_{ijt}$
常数项	-4.041 (-1.08)	-12.35* (-1.83)
Country FE	YES	YES
Year FE	YES	YES
N	120	80
Adjusted R^2	0.9072	0.9610

注：*、**、***分别表示在10%、5%和1%水平上显著。

通过上面的回归结果我们可以产生以下分析：由于发达国家样本中核心解释变量 $LnST_{jt}$ 的 p 值小于发展中国家样本中 $LnST_{jt}$ 的 p 值，可以得出发达国家绿色壁垒对我国农产品出口的影响作用更显著，大于发展中国家对我国农产品出口的影响作用。且虽然两者都对我国农产品出口产生负向影响，但是系数也不同，与研究假设 2 相符。发达国家 TBT 和 SPS 通报量每增加 1%，农产品出口贸易额下降 0.132%。而发展中国家每增加 1% TBT 和 SPS 通报量，农产品出口贸易额下降 0.089%。

可以看出，就算发达国家和发展中国家实施相同的绿色壁垒，发达国家对我国农产品出口额下降产生的影响更显著、程度更深使我国农产品出口额下降得更多。究其原因可能是因为发达国家绿色技术标准更高，环保意识更强、实施绿色贸易壁垒更早、种类更多，继而比发展中国家对我国农产品出口的负向影响更大。

5.4 小结

通过上述模型的实证数据我们可以得到，绿色贸易壁垒对我国农产品出口具有显著的负作用，且发达国家绿色贸易壁垒对我国农产品的影响要大于发展中国家。随着西方发达国家农产品标准、法规的不断出台，各国环保意识的增加以及人民币升值带来的价格优势的丧失，我国农产品出口将面临很大的阻碍，我国需要采取各种措施应对绿色贸易壁垒。

6. 绿色贸易壁垒下促进我国农产品出口贸易的对策建议

6.1 全面提高农产品出口质量

由于绿色贸易壁垒的实施，我国出口农产品需要满足相应的卫生检疫标准、技术标准等。因此，为了我国农产品能够顺利出口，我国需要从根本上提高农产品的质量以应对国外的要求。目前我国很多农产品在生产过程中大量使用化肥、农药，严重影响我国农产品质量。因此，政府可以通过限制化肥、农药销售或使用、加大监管以及对滥用者进行惩罚以提升我国农产品质量。此外还可以增加技术投入，将高新技术、设备广泛应用到传统农业生产中满足国外绿色技术标准制度。完善农产品质量检测机制，努力通过各种国际认证，如 HACCP 和 ISO14000 环境管理体系认证，以提高农产品国际知名度和认同。

6.2 完善农产品出口预警机制和信息服务

近年来，我国农产品出口被扣留、召回批次不断增加，且我国农产品出口往往缺乏统一的管理。因此，为了应对目前复杂多变的绿色贸易壁垒，我国政府以及研究机构应该加强对绿色贸易壁垒的研究，将进口国实施的各种绿色贸易壁垒构建成一个数据库，及时向农产品出口企业发布预警信息并提出应对措施，形成预警机制，帮助出口企业按照国外绿色贸易壁垒的要求进行整改、出口。此外政府应建立权威性的网站，利用其收集大量国际市场信息，并对其加以筛选和分析，为农产品农户和生产企业提供有效、及时的信息（莫少颖，2010），便利农产品的出口。

6.3　企业加快转型升级，打造绿色企业

为了突破绿色贸易壁垒，首先我国企业自身应该要树立绿色发展观念，增强创新意识，加快企业转型升级。可以通过引进先进的生产技术、设备，从各个环节提高农产品的质量，打造我们自己的绿色品牌，提升农产品的国际竞争力。扩大农产品的出口种类，实现多元化农产品以满足不同消费市场的需求。同时加大人才培养，与高校联合，让高新技术人才带动企业发展。此外，为了整个行业的绿色发展，可以由龙头企业带动行业内其他企业发展，共同走绿色、环保、可持续发展的道路，共同促进我国农产品的出口。

6.4　增强国民绿色经济意识

为了更好地应对现在日渐严苛的绿色贸易壁垒，我国应该加大对绿色、环保理念的宣传，增强国民的绿色经济意识，特别是农产品生产企业和消费者。我们要从被绿色贸易壁垒限制的局面转到主动适应绿色壁垒的要求，逐渐与国际环境标准接轨。在实践中，可以通过新媒体鼓励公众参加环保事业，加强生态环境教育工作（渠原源，2022）。此外，因为农产品出口不仅是我国外贸的重要组成部分，还是我国农民、农村经济发展的重要支柱。因此，要在全社会形成绿色经济意识，尽量从农产品的种植、培育、加工、包装等方面符合绿色、环保的要求，主动适应绿色贸易壁垒的规定。

参考文献

［1］夏友富．论环境标志制度与国际贸易发展［J］．世界经济，1995（10）：24-29.

［2］Tao L. Green Trade Barriers with Our Country Agricultural Product Export Trade［J］. Science Innovation，2016，4（3）：11-12.

[3] 李亚敏．新时期绿色贸易壁垒影响下我国农产品对外贸易优化路径研究［J］．农业经济，2023，433（5）：131-132.

[4] Zhen L, Meiling Z, Qiuming L, et al. The Impact of Green Trade Barriers on Agricultural Green Total Factor Productivity: Evidence from China and OECD Countries [J]. Economic Analysis and Policy, 2023 (78): 319-331.

[5] 张世军．绿色发展视野下我国农产品国际贸易转型升级研究［J］．农业经济，2020，401（9）：121-123.

[6] 王一涵．我国农产品出口面临的绿色标准及跨越壁垒的途径［J］．对外经贸实务，2015，313（2）：43-45.

[7] 卜朝晖．国际贸易中的绿色技术壁垒及其对策［D］．北京：对外经济贸易大学，2002.

[8] 吴莉莉．美国碳关税政策将对中国农产品出口产生的影响及应对策略［J］．对外经贸实务，2015，322（11）：47-50.

[9] 赵虎林．绿色包装壁垒及我国包装业发展策略研究［J］．现代商贸工业，2017（36）：42-44.

[10] 涂咏梅．绿色壁垒对我国农产品出口的影响及应对策略［J］．财政监督，2009，140（4）：76-77.

[11] 张琳．绿色壁垒对我国农产品出口贸易的影响［J］．安徽农业科学，2006（22）：6016-6017.

[12] 宗宁，苏思源．绿色壁垒对我国农产品出口贸易的影响［J］．营销界，2020（24）：71-72.

[13] 李燕娥．绿色贸易壁垒对我国农产品出口的影响及对策研究［J］．农业经济，2016，347（4）：131-133.

[14] 边洁英．日本绿色贸易壁垒对我国农产品出口影响实证研究［J］．农业经济，2014，321（2）：107-108.

[15] 廖程胜，廖良美．日本绿色贸易壁垒对我国农产品出口正效应分析［J］．北方园艺，2016，364（13）：205-210.

[16] 孙红雨，佟光霁. 绿色贸易壁垒对中俄农产品出口贸易的影响研究 [J]. 改革，2019，300（2）：149-157.

[17] 莫少颖. 绿色壁垒对我国农产品出口的影响及对策研究 [J]. 改革与战略，2010，26（7）：109-111+139.

[18] 渠原源. 绿色贸易壁垒对我国农产品出口的影响分析及对策建议 [J]. 山西农经，2022，325（13）：27-29.

山东省对 RCEP 成员国农产品出口贸易潜力研究

摘要： 山东是中国的农业大省，虽近几年面临各种冲击，但 RCEP 协定的签署又助力山东省的农业贸易。基于此背景，本文通过数据分析，研究山东省农产品对 RCEP 成员国出口贸易规模、市场结构与商品结构，并对重点国别日本与其重点产品出口商品结构进行分析。运用 RCA 指数分析山东省对 RCEP 国家农产品出口贸易竞争性，相比于 H1 与 H3，H2 与 H4 类农产品国际竞争力更强。进一步通过采用贸易引力模型实证研究了山东省对 RCEP 成员国农产品出口影响与潜力，一国 GDP、人口规模及贸易协定 RCEP 的签署都会对山东省对 RCEP 成员国农产品出口产生影响。贸易潜力测算与分析得出 RCEP 成员国分属于不同类型的贸易潜力国家，为山东省对不同成员国实行不同贸易策略提供了理论支持。基于上述分析，本文得出制约山东省对 RCEP 成员国农产品出口的因素有市场集中度较高、出口产品结构单一且附加值低、区域竞争力有待提升等问题，并相对应提出解决对策。

关键词： RCEP；农产品；出口潜力；山东省

1. 引言

近几年各种因素对山东省农产品贸易产生了冲击。在此背景下，RCEP 协定的签署可以为山东省农产品出口提供助力。本文基于 RCEP 协定签署，以山东省农产品为研究对象，探究 RCEP 协定签署后对山东省农产品出口的影响。通过对比 RCEP 协定签署前及签署后的出口贸易数据，分析山东省农产品贸易潜力目前存在的问题并探寻解决途径，从而使山东省农产品可以更好地利用 RCEP 协定规则进而推动出口。

目前有关于山东省农产品出口的文献主要有以下几类。一方面，有多位学者对山东省农产品出口的现状进行研究，并分析其存在的问题，提出解决对策。如王金河（2014）通过实证分析方法分析山东省农产品出口现状，并做出了前景分析，基于山东省农产品出口面临准入门槛越来越高、产品种类和市场集中度较高、质量存在安全隐患等问题，做出了农产品出口将在农业经济发展中继续发挥重要的作用、产品结构将进一步优化、降低市场集中度及区域集团化加深等前景展望。盖辛等（2013）采用 1998~2011 年数据，对山东省农产品进出口与农业经济增长关系进行了实证分析，认为“山东省农产品进出口与农业经济增长间存在长期均衡关系，短期内农产品出口没有促进山东省农业经济增长，山东省农产品进出口与农业经济增长间存在单向因果关系”并基于此提出山东省农产品出口需要优化商品结构、降低市场集中度及积极应对国际贸易壁垒等解决方案。另一方面，也有学者提出采用贸易潜力的方法，对山东省农产品出口潜力进行分析，借鉴帅传敏（2009）的研究，可对贸易国家进行贸易潜力测算，即通过将实际贸易额与引力模型模拟贸易额相比，得出数值与 1.2 及 0.8 相比，分析可得不同贸易类型国家，预测未来贸易空间。张瑛等（2018）通过出口潜力测算，将相关国家分为贸易潜力再造型、贸易潜力开拓型与贸易潜力巨大型三类，认为山东省与共建“一带一路”国家中的 30 个国家的水产品出口潜力主要集中于贸易潜力再造型和贸易潜力巨大型，可进一步认为山东省对共建“一带一路”国家水产品出口具有依赖性。

基于以上文献研究，多数文献研究集中于对山东省农产品整体出口的现状及对策研究。除此之外，由于 RCEP 协定签署这一热点较为新颖，目前对山东省农产品出口研究多是基于“一带一路”视角下，且出口对象也多为其成员国或东盟等山东省重点出口国家。而本文研究则是基于

RCEP 协定签署这一背景，且研究的出口对象为 RCEP 成员国。最后，本文通过贸易潜力分析山东省对 RCEP 成员国的农产品出口，也是对现有文献的补充。因此，本文通过分析山东省对 RCEP 各成员国农产品出口现状分析，探究山东省农产品在 RCEP 协定签署后出口的变化特征。重点结合贸易引力模型和贸易潜力测算，评估 RCEP 协定签署后山东省对农产品出口的潜力，并提出 RCEP 协定下山东省农产品出口潜力实现的对策建议。

2. RCEP 协定下山东省农产品出口贸易现状

RCEP 是以发展中经济体为中心的区域自贸协定，也是全球规模最大的自贸协定，由东盟十国于 2012 年发起，成员包括东盟十国、中国、日本、韩国、澳大利亚、新西兰，于 2020 年 11 月 15 日正式签署。其签署是地区国家以实际行动维护多边贸易体制、建设开放型世界经济的重要一步，对深化区域经济一体化、稳定全球经济具有标志性意义。2021 年 3 月 22 日，中国已经完成区域全面经济伙伴关系协定，也就是 RCEP 协定的核准，成为率先批准协定的国家。此外，泰国也已经批准协定。RCEP 所有成员国均表示，在 2021 年底前批准协定，推动协定于 2022 年 1 月 1 日生效。

根据 HS 编码，山东省与 RCEP 成员国之间的农产品贸易交易主要包括前四类产品，分别为：活动物、动物产品——海关编码为 HS01-HS05（以下简称 H1）；植物产品——海关编码为 HS06-HS14（以下简称 H2）；动植物油、脂及其分解产品、精制的食用油脂、动植物蜡——海关编码为 HS15（以下简称 H3）；食品、饮料、酒及醋、烟草及烟草代用品的制品——海关编码为 HS16-HS24（以下简称 H4）。其中，H1 中第一章为活动物；第二章为肉及食用杂碎；第三章为鱼、甲壳动物、软体动物及其他水生无脊椎动物；第四章为乳品、蛋品、天然蜂蜜、其他食用动物产品；第五章为其他动物产品。H2 中第六章为活树及其他活植物，鳞茎、根及类似品，插花及装饰用簇叶；第七章为食用蔬菜、根及块茎；第八章为食用水果及坚果，柑橘属水果或甜瓜的果皮；第九章为咖啡、茶、马黛茶及调味香料；第十章为谷物；第十一章为制粉工业产品、麦芽、淀粉、菊粉、面筋；第十二章为含油子仁及果实，杂项子仁及果实，工业用或药用植物，稻草、秸秆及饲料；第十三章为虫胶，树胶、树脂及其他植物液、汁；第十四章为编结用植物材料，其他植物产品。H3 中第十五章为动、植物油、脂及其分解产品，精制的食用油脂，动、植物蜡。H4 中第十六章为肉、鱼、甲壳动物、软体动物及其他水生无脊椎动物的制品；第十七章为糖及糖食；第十八章为可可及可可制品；第十九章为谷物、粮食粉、淀粉或乳的制品与糕饼点心；第二十章为蔬菜、水果、坚果或植物其他部分的制品；第二十一章为杂项食品；第二十二章为饮料、酒及醋；第二十三章为食品工业的残渣及废料，配制的动物饲料；第二十四章为烟草、烟草及烟草代用品的制品。

2.1 农产品出口贸易规模

2021 年 8~12 月与 2022 年 1~5 月山东省 HS 前四大类农产品出口至 RCEP 各成员国的对比数据显示，RCEP 协定签署前后山东省农产品出口总体略有下降。2021 年 8~12 月，山东省与成员国农产品出口总额为 233.50 亿元，而在 2022 年 1~5 月该数字下降至 229.54 亿元。

从具体国家而言，虽出口总额有所下降，但山东省农产品对日本的出口额却大幅增加，由 2021 年 8~12 月的 78.48 亿元增加至 2022 年 1~5 月的 82.75 亿元，同时对韩国和澳大利亚的农产品出口额也有显著增加。虽然山东省对东盟农产品出口有所下降，由 2021 年 8~12 月的 95.14 亿元增加至 2022 年 1~5 月的 85.19 亿元，但仍是 RCEP 成员国中山东省农产品最大的出口国。

如图 2-1 所示，与 2021 年下半年相比，2022 年上半年波动较大，集中体现在 2022 年 2 月出现大幅下跌，一些特殊原因影响了农产品生产及出口。但由图可以看出在 2022 年 3~5 月山东省农产品对外出口逐渐恢复，保持平稳上升趋势，逐渐与 2021 年下半年出口总额靠拢。与 2021 年下半年相比，2022 年上半年波动较大，1~2 月及 2~3 月降速与增速较快，随后 3 个月则更为平稳，增速缓慢。

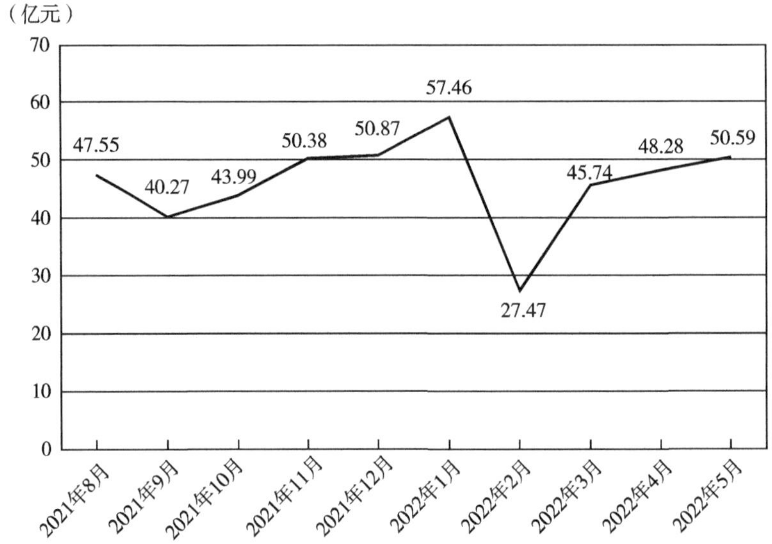

图 2-1　2021 年 8~12 月和 2022 年 1~5 月山东省对 RCEP 成员国农产品出口额

资料来源：中华人民共和国海关总署。

2.2　农产品出口市场结构

从市场结构来看，由图 2-2 及图 2-3 可知，2021 年和 2022 年山东省对 RCEP 各成员国农产品出口数额差别较大。山东省向日本和东盟出口比重在 2021 年下半年占比 74%，而在 2022 年上半年占比 76%，因此 RCEP 协定的签署并没有改变日本与东盟仍是各成员国中山东省农产品的主要出口国。但就东盟和日本而言，山东省对东盟的农产品出口由 2021 年下半年的 41%下降至 2022 年上半年的 37%，而日本则由 2021 年下半年的 33%

上升至 2022 年上半年的 36%，日本对山东省农产品出口的重要性在上升，山东省对日本与东盟农产品出口基本持平，但东盟仍以 85.19 亿元位列山东省农产品出口第一。仅次于东盟和日本的是韩国，RCEP 协定签署后，山东省农产品对韩国的出口由 2021 年下半年的 22%，略有上升至 23%，总体保持稳定。而对于澳大利亚和新西兰，在 RCEP 协定签署前后，均在 3%与 1%。

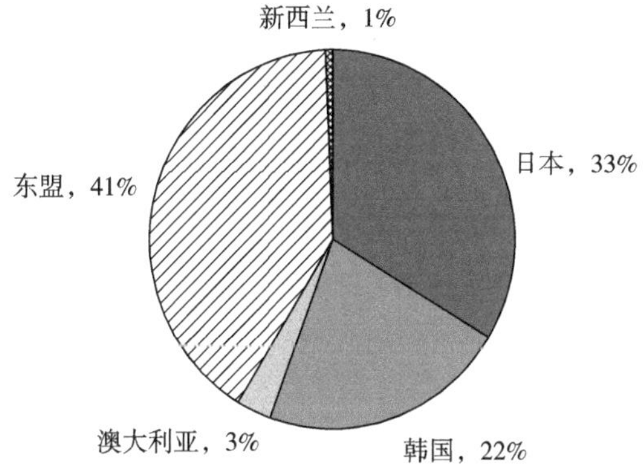

图 2-2　2021 年 8~12 月山东省对 RCEP 成员国农产品出口的市场结构

资料来源：中华人民共和国海关总署。

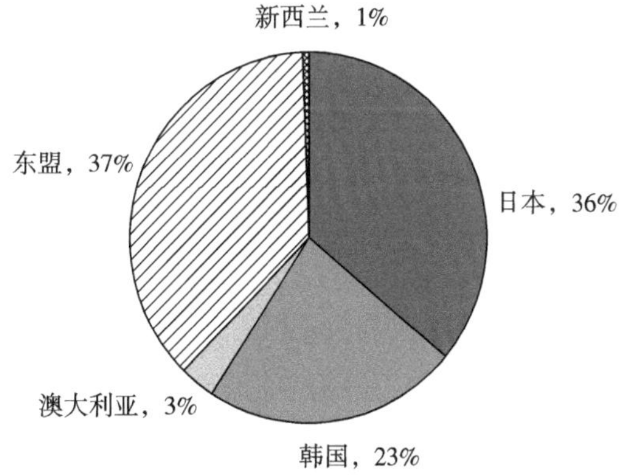

图 2-3　2022 年 1~5 月山东省对 RCEP 成员国农产品出口的市场结构

资料来源：中华人民共和国海关总署。

2.3 农产品出口商品结构

2.3.1 总体出口商品结构分析

由表2-1可知，山东省农产品出口到RCEP成员国总额略有下降。其中H2和H4类农产品变化最为显著。H2产品由2021年下半年占比44%，下降至2022年上半年的38%，而H4产品则由2021年下半年的44%，上升至2022年的51%。H2和H4类农产品差距逐渐拉大，由2021年下半年占比基本持平到2022年上半年H4类农产品位列第一。H1与H3类农产品变化稳定。其中H1类农产品由2021年下半年10%，小幅增长至2022年上半年11%。同时H3类农产品下降2%，占比差距进一步拉大，出口占比最小。总体来看，与2021年下半年相比，2022年上半年山东省对RCEP各成员国农产品出口的产品结构进一步集中于H2与H4类农产品，两者由2021年下半年合计占比88%上升至89%，是山东省对RCEP各成员国主要的农产品出口类别。

表2-1 2021年8~12月及2022年1~5月山东省同RCEP成员国不同类别农产品出口额

单位：亿元

		8月	9月	10月	11月	12月	总额
2021年出口额	H1	4.008	4.715	3.534	5.903	5.122	23.281
	H2	23.736	17.758	19.975	21.500	22.147	105.115
	H3	6.004	0.080	0.040	0.135	0.078	6.338
	H4	19.706	18.169	20.436	22.839	23.520	104.670
	总额	53.454	40.722	43.986	50.376	50.867	239.405
		1月	2月	3月	4月	5月	总额
2022年出口额	H1	6.617	2.549	3.951	5.599	5.944	24.659
	H2	20.593	10.411	17.8351	19.099	18.7277	86.665
	H3	0.139	0.426	0.738	0.416	0.502	1.173
	H4	30.112	14.464	23.883	23.164	25.414	117.038
	总额	57.461	27.85	46.407	48.278	50.586	229.536

资料来源：中华人民共和国海关总署。

2.3.2 对重点国别与重点产品出口商品结构分析

2.3.2.1 对日本出口农产品结构

在 RCEP 协定签署后，山东省对各国出口发生改变，其中对日本变化最大，这与 RCEP 协定签署是我国与日本首个 FTA 有关，因此本文将日本作为研究的重点国别。研究山东省对日本出口的产品结构情况，以探究对山东省与日本农产品过程中具有关键意义的产品。

由表 2-2 可知，山东省对日本出口产品中，H4 占比最大，其次是 H2，H1 占比相对较小，H3 占比几乎可以忽略。这与山东省对 RCEP 各成员国出口的产品结构相同，表明在日后山东省与日本农产品出口过程中要加大对 H2、H4 产品的创新研发及产业技术革新，增强竞争力。

表 2-2 2022 年山东省对日本农产品出口额

	H1	H2	H3	H4
1 月	2.8	6.7	0.03	12.2
2 月	0.7	3.7	0	5.6
3 月	1.4	5.0	0.08	9.6
4 月	2.0	4.7	0.05	8.7
5 月	2.5	5.9	0.006	11.1

资料来源：中华人民共和国海关总署。

2.3.2.2 对 RCEP 成员国出口的重点农产品

根据上述产品结构分析可得，山东省对 RCEP 成员国农产品出口中占比最大的是 H2 和 H4，因此 H2 与 H4 是山东省出口重点农产品，本部分对此加以重点分析。

由表 2-3 可知，H2 类农产品中占比较为均衡，其中第七章、第十二章和第十四章占比较大，第六章增长较快，由 1 月占比较少到 4 月占比第四，增长迅速。各章均整体呈较大增长趋势，个别存在小幅波动。表 2-4 中 H4 类农产品中占比较为均衡，其中第十六章、第二十章、第二十三章和第二十四章占比较大，第二十四章增长较快，由 1 月占比较少到 5 月占比第一，增长迅速。各章均整体呈较大增长趋势，个别存在小幅波动，第二十一章较其他章节差距在逐渐拉开。

表 2-3　2022 年山东省对 RCEP 成员国 H2 类农产品出口额

单位：亿元

H2	第六章	第七章	第八章	第九章	第十章	第十一章	第十二章	第十三章	第十四章
1 月	0.24	11.92	3.91	1.70	0.05	0.60	1.45	0.48	0.24
2 月	10.4	10.22	8.02	7.10	6.05	6.63	10.60	11.70	11.66
3 月	17.84	17.67	14.27	11.24	9.78	11.01	17.25	19.49	19.59
4 月	19.10	19.31	15.38	11.76	10.42	11.64	16.90	18.50	18.53
5 月	18.73	19.03	15.57	14.01	12.48	14.02	19.35	20.71	20.60

资料来源：中华人民共和国海关总署。

表 2-4　2022 年山东省对 RCEP 成员国 H4 类农产品出口额

单位：亿元

H4	第十六章	第十七章	第十八章	第十九章	第二十章	第二十一章	第二十二章	第二十三章	第二十四章
1 月	7.90	1.27	0.09	1.61	8.65	3.85	0.49	5.80	0.53
2 月	14.63	11.33	10.94	14.16	13.64	9.24	7.78	16.46	18.05
3 月	23.89	17.99	17.35	21.78	20.61	13.92	10.76	20.34	21.22
4 月	23.16	17.11	16.15	21.31	20.16	14.05	11.62	22.13	20.70
5 月	25.41	18.08	16.77	20.35	18.87	12.19	10.03	20.99	25.52

资料来源：中华人民共和国海关总署。

2.4　出口贸易竞争性分析

通过计算 2017~2021 年山东省农产品比较优势指数与比较劣势指数，分析山东省农产品出口在 RCEP 区域内的竞争力情况。选用 RCA_{ax} 表示用出口来衡量 a 国在 x 产品的显示性比较优势指数。

比较优势指数的计算方法如下。

$$RCA_{ax} = [(X_{ax}/X_a)/(X_{cx}/X_c)] \quad (1)$$

其中，X_{ax} 表示 a 国在一定时间内（通常是一年，下文同）x 产品的出口总额，X_a 表示 a 国在一定时间内的总出口额，X_{cx} 表示 RCEP 成员国在一定时间内 x 产品的出口额，X_c 表示 RCEP 成员国在一定时间内的出口总额。

将数据代入公式（1），得到 H1、H2、H3、H4 类农产品比较优势指数如表 2-5 至表 2-8 所示。

表 2-5 2017~2020 年山东省 H1 农产品贸易比较优势指数

单位：亿美元

年份	X_{ax} 山东省活动物/动物产品出口总额	X_a 山东省总出口额	RCEP 成员国活动物/动物产品出口额	X_cRCEP 成员国总出口额	RAC_{ax} 比较优势指数
2017	38.72	1471.0	631.09	35252.84	1.47
2018	40.43	1601.4	672.41	43391.86	1.63
2019	39.76	1614.4	680.29	35769.34	1.29
2020	32.22	1890.4	634.6	51257.24	1.38

资料来源：根据 UN COMTRADE 数据库及山东省统计局整理计算得出。

表 2-6 2017~2020 年山东省 H2 农产品贸易比较优势指数

单位：亿美元

年份	X_{ax} 山东省植物性农产品出口总额	X_a 山东省总出口额	RCEP 植物性农产品出口额	X_cRCEP 总出口额	RAC_{ax} 比较优势指数
2017	58.10	1471.0	762.27	35252.84	1.83
2018	54.70	1601.4	691.78	43391.86	2.14
2019	62.33	1614.4	697	35769.34	1.98
2020	72.59	1890.4	711.58	51257.24	2.77

资料来源：根据 UN COMTRADE 数据库及山东省统计局整理计算得出。

表 2-7　2017~2020 年山东省 H3 农产品贸易比较优势指数

单位：亿美元

年份	X_{ax}=山东省动植物油、脂及其分解产品、精制的食用油脂、动植物蜡出口总额	X_a 山东省总出口额	RCEP 动植物油、脂及其分解产品、精制的食用油脂、动植物蜡出口额	X_cRCEP 总出口额	RAC_{ax} 比较优势指数
2017	0. 58	1471. 0	364. 09	35252. 84	0. 04
2018	0. 67	1601. 4	324. 28	43391. 86	0. 06
2019	0. 88	1614. 4	289. 4	35769. 34	0. 07
2020	0. 83	1890. 4	336. 96	51257. 24	0. 07

资料来源：根据 UN COMTRADE 数据库及山东省统计局整理计算得出。

表 2-8　2017~2020 年山东省 H4 农产品贸易比较优势指数

单位：亿美元

年份	X_{ax} 山东省食品、饮料、酒及醋、烟草及烟草代用品的制品出口总额	X_a 山东省总出口额	X_{cx}RCEP 食品、饮料、酒及醋、烟草及烟草代用品的制品出口额	X_cRCEP 总出口额	RAC_{ax} 比较优势指数
2017	68. 07	1471. 0	813. 32	35252. 84	2. 01
2018	72. 85	1601. 4	890. 37	43391. 86	2. 22
2019	70. 71	1614. 4	901. 47	35769. 34	1. 74
2020	71. 19	1890. 4	904. 448	51257. 24	2. 13

资料来源：根据 UN COMTRADE 数据库及山东省统计局整理计算得出。

一般认为，一国 RCA 指数大于 2. 5，则表明该国该产业具有极强的国际竞争力；RCA 介于 2. 5~1. 25 之间，表明该国该产业具有很强的国际竞争力；RCA 介于 1. 25~0. 8 之间，则认为该国该产业具有较强的国际竞争力；RCA 小于 0. 8，则表明该国该产业的国际竞争力较弱。

根据上述数据可以得出，山东省 H1 类农产品 RCA 在 2017~2022 年均大于 1.25，表明该国产业具有很强的国际竞争力，2019~2020 年 RCA 有所下降，说明山东省H1类农产品国际竞争力呈下降趋势。山东省H2类农产品RCA整体呈波动的趋势，整体上大于1.25，说明山东省H2类农产品具有很强的国际竞争力。山东省H3类农产品均小于0.07且变化波动不大，表明山东省H3类农产品国际竞争力较弱。山东省H4类农产品2017年及2018年两年较为稳定，且RCA大于2，国际竞争力很强。自2019年开始RCA出现较大波动的下降，但2020年再次回升到2.13。从2017~2020年来看山东省H4农产品国际竞争力基本稳定，略有上升。总体来看，与2019年以前相比，2020年四类农产品RCA基本稳定。但在H1类农产品上也反映出山东省农产品国际竞争力的下降，这也反映了山东省农产品出口面临成本增加、削弱了山东传统出口农产品资源型、生产成本低廉的优势、进一步缩小山东省农产品出口市场及贸易摩擦事件增多等问题（邱磊，2011）。同时四类农产品的RCA指数也反映山东省农产品的结构，H2和H4农产品的国际竞争力相比于H1和H3类农产品更强。

3. RCEP协议下山东省农产品出口潜力的实证分析

3.1 模型的构建

牛顿的万有引力定律是引力模型的来源，在不断的发展变化中，贸易引力模型得以完善。在解释贸易流量的影响因素的实证分析中，运用引力模型，通常采用其对数形式，其对数化后的一般方程可概括如下：

$$LnF_{ij}=\alpha LnY_i+\beta LnY_j+\gamma LnD_{ij}+\theta LnX_{ij}+\delta_{ij} \tag{2}$$

其中，F_{ij}代表国家i和国家j之间的双边贸易额，Y_i和Y_j分别代表这两个国家的GDP，D_{ij}代表两个国家首都之间的地理距离，X_{ij}表示其他变量的向量集合，包括人口、国家政策等，α、β、γ、θ表示待估计参数，

δ 表示随机扰动项。

为了考察经济总量、人口以及地理距离及加入 RCEP 等因素对中国与 RCEP 其他成员国农产品贸易流量的影响，采用如下贸易引力模型方程：

$$LnF_{ijt}=\alpha LnY_{it}+\beta LnP_{it}+\gamma LnD_{ijt}+\theta RCEP+\lambda_i+u_t+\delta_{ijt} \tag{3}$$

其中，F_{ijt} 表示 2015~2022 年山东与这些国家或地区的农产品出口贸易额；Y_{it} 表示 2015~2022 年 RCEP 成员国以美元表示的 GDP；P_{it} 表示 2015~2022 年 RCEP 成员国的人口规模；D_{ijt} 表示 2015~2022 年山东与其他国家或地区首都之间的地理距离，假设 RCEP 的构建对山东与其他成员国农产品出口产生一定影响，因此，将 RCEP 是否对山东省农产品出口起到促进作用作为虚拟变量引入模型；t 表示年份；α、β、γ、θ 表示待估计参数；δ_{ijt} 表示随机扰动项；λ_i 表示个体效应；u_t 表示时间效应。

3.2 数据来源与变量的描述性统计

3.2.1 数据来源

文章选取的是 2015~2022 年山东和韩国、日本、澳大利亚、新西兰及东盟十国农产品贸易额的面板数据。农产品贸易额数据来源于联合国贸易数据库以及中华人民共和国海关总署；GDP 数据来源于世界银行；各国人口总量数据来源于 FAOSTAT 及 Monthly Bulletin of Statistics Online；山东省与 RCEP 成员国首都地理距离的数据来自网站：time and data. com；将 RCEP 是否成立作为虚拟变量引入模型，RCEP 签署对山东省农产品出口起到促进作用取为 1，RCEP 签署对山东省农产品出口未起到促进作用取为 0。由于部分国家人口总数较少，在取对数后出现 0 值或负值，导致模型拟合较差，因此借鉴付秀梅等（2014）在论文中的做法，在各年 RCEP 成员国人口总量基础上分别加上对应年份山东省人口总量记为 P_i，即 P_i 衡量山东省与 RCEP 成员国人口规模对山东省农产品出口的影响效应。

3.2.2 变量的描述性统计

对上述搜集的相关数据进行变量的描述性统计，即对各变量的样本数、均值、标准差、最大值、最小值进行描述性统计，分析如表 3-1 所示。

表 3-1 变量的描述性统计分析

VARIABLES	(a) N	(b) mean	(c) sd	(d) min	(e) max
$\ln F_{ijt}$	112	4.59	2.72	-4.61	8.02
LNY_{it}	112	7.85	1.73	4.74	10.84
LNP_{it}	112	0.42	0.36	-0.01	1.33
LND_{ijt}	112	12.31	0.58	10.87	13.86
RCEP	112	0.25	0.43	0.00	1.00

3.3 实证结果与分析

本文引入国民生产总值、人口总量、山东省与 RCEP 成员国首都距离、是否签署 RCEP 协议四个解释变量，使用面向韩国、日本、新西兰、澳大利亚及东盟十国共 14 个国家 2015～2022 年共 8 年的面板数据，112 个样本量，采用 Eviews 软件进行回归，混合回归模型是处理面板数据常用的回归方法之一，也是本文采取的主要研究方法。除混合回归模型之外，随机效应模型和固定效应模型也是处理面板数据的常用方法，为了更好地判断本文是适用何种模型，需进一步运用 F 检验及豪斯曼检验来确定，从而使实证研究结果更加可靠。F 检验及 Hausman 结果如表 3-2 和表 3-3 所示。

表 3-2 F 检验结果

	F 检验	
SSE_r	1.23	
SSE_f	0.55	
N	14	
T	8	

续表

	F 检验	
K	4	
结果	8.98>F（13，94）	固定效应模型

表 3-3 Hausman 检验

Test Summary	Chi-Sq. Statistic	Chi-Sq. d. f	Prob.
Cross-section random	0.0000	4	1.0000

根据表 3-2 的检验，F 检验所得结果大于 F 值，因此拒绝原假设，在混合估计模型和固定效应模型中选择固定效应模型。在此之后还需考虑模型的个体效应与解释变量是否相关，Hausman 检验是检验模型个体效应或时间效应与解释变量之间是否相关，从而确定模型是选择固定效应形式还是随机效应形式。

根据表 3-3 检验结果表明 p 值大于 0.05，接受原假设，因此在固定效应模型和随机效应模型中选择随机效应模型。通过将上述数据在 Eviews 软件中运行，得到结果如表 3-4 所示。

表 3-4 贸易引力模型回归结果

变量	(1) RE	(2) OLS	(3) FE
$\ln Y_{it}$	1.127*** (3.277)	1.289*** (24.657)	0.655*** (3.958)
$\ln P_{it}$	0.501*** (0.001)	0.839*** (11.004)	6.240*** (2.868)
$\ln D_{ijt}$	−0.162 (−0.315)	−0.242*** (−2.998)	681.879*** (4.494)
RCEP	0.426*** (8.496)	0.417*** (10.319)	0.100* (1.830)
常数项	−3.656 (−0.547)	−3.981*** (−3.804509)	−5650.495 (−4.497)

续表

变量	(1) RE	(2) OLS	(3) FE
样本数	112	112	112
个体效应	—	—	是
R^2	0.797	0.804	0.965

注：*、**和***分别表示 10%、5%和 1%水平上显著。

表 3-4 的回归结果表明，各个变量的符号与理论预期相一致，模型的总体拟合效果较好。基于上述模型结果分析，我们可以得出以下结论：

第一，在 1%的显著性水平下，RCEP 成员国 GDP 对山东省农产品出口具有显著的正向影响，这表明 RCEP 成员国国内生产总值的提高会极大地提升其农产品进口能力，对山东省农产品进口需求提高，进而增加对山东省农产品的进口。因此，在未来，GDP 增长潜力较大的国家有望成为山东省农产品出口的重点国家。

第二，在 1%的显著性水平下，RCEP 成员国人口规模对山东省农产品出口具有显著的正向影响，这表示 RCEP 成员国人口规模的提高，使得对山东省农产品的消费能力提高，对山东省农产品进口需求提高，进而增加对山东省农产品的进口。

第三，虽然根据 RE 结果，距离因素对山东省农产品出口影响并不显著。但在 OLS 及 PE 中都非常显著。除此之外，RE 中距离因素系数为负，显示 RCEP 成员国与山东省的距离对山东省农产品出口具有负向影响，这表明当 RCEP 成员国与山东省距离较远时，提高了进口国的物流周转时间，从而削弱了山东省出口农产品在进口国国内市场的竞争力，阻碍双边农产品贸易。因此，在未来，山东省可以通过降低物流周转时间、提高清关程序效率、完善相关基础设施建设、改善物流服务的质量等方式，弥补物理距离较远的劣势，进而提升山东省农产品出口的竞争力。

第四，在 1%的显著性水平下，RCEP 成员国是否加入 RCEP 协定对山东省农产品出口具有显著的正向影响，这意味着 RCEP 的存在通过促进成员国之间贸易和投资的自由化、便利化，及贸易互惠政策等方面，有力地促进了山东省对这些国家的农产品出口，进而推动了山东省与 RCEP 成员国农产品出口贸易。

3.4 贸易潜力的测算与分析

3.4.1 贸易潜力的测算

基于上述贸易引力模型结果，对山东省与 RCEP 成员国农产品出口的贸易潜力进行测算。根据帅传敏（2009）的研究，可对贸易国家进行贸易潜力测算，即通过将实际贸易额与引力模型模拟贸易额相比，得出数值与 1.2 及 0.8 相比，分析可得不同贸易类型国家，预测未来贸易空间。若所得结果比值大于 1.2，则属于贸易潜力再造型，说明双方的贸易潜力基本已完全发挥，具有较小的贸易空间，应努力开拓其他能够促进贸易的因素区域。若比值大于 0.8 而小于 1.2，则属于潜力开拓型，说明双方的贸易潜力尚未充分发挥，仍存在一定贸易空间，应积极寻找途径补足市场缺口。若比值小于 0.8，则双边贸易属于潜力巨大型，说明双方贸易往来存在巨大发展空间，未来发展潜力巨大，应进一步推进贸易开放程度。据此对 2022 年山东省与 RCEP 成员国农产品出口贸易潜力进行测算，测算结果如表 3-5 所示。

表 3-5　2022 年山东省对 RCEP 成员国农产品出口贸易潜力测算

单位：亿美元

国家（地区）	实际贸易额	模拟贸易额	比值	贸易类型
韩国	3.086943154	3.810331974	0.81015071	潜力开拓性
日本	3.416085994	9.990555256	0.341931545	潜力巨大型
新西兰	−0.673344553	−1.199096345	0.561543329	潜力巨大型
澳大利亚	1.095273387	7.098194095	0.154303105	潜力巨大型
东盟	3.503453082	11.29741608	0.310111007	潜力巨大型

资料来源：根据贸易引力模型结果计算得出。

3.4.2 结果分析

从测算结果可以看出：属于贸易开拓型的国家有韩国，山东省对韩国的农产品出口贸易处于“潜力开发”状态，尚未完全发挥其农产品出口贸易潜力。未来与韩国进行农产品贸易时，山东省可以通过提高农产品质量，增大产品附加值；优化农产品结构，提高产品多样性；创新农产品贸易渠道，深化双边贸易关系等方式，进一步促进双边农产品贸易的扩大。属于贸易潜力巨大型的国家有日本、新西兰、澳大利亚、东盟。山东省与这些国家的农产品出口贸易处于“潜力成长”状态，具有巨大的出口空间潜力。未来山东省应将这些国家视为农产品贸易重点发展对象，积极开发新兴市场，打造优势农产品品牌，进一步发挥山东省出口的潜力。

根据山东省与 RCEP 成员国家农产品贸易潜力测算结果来看，目前山东省与 RCEP 成员国家农产品贸易出口潜力主要集中于贸易潜力开拓型和贸易潜力巨大型。表示山东省农产品的出口对 RCEP 成员国具有较大的贸易空间，这些国家对于山东省农产品都具有较大的进口需求，足以支撑山东省对其农产品出口的继续扩大。以上数据结果都证明在今后的农产品贸易中，山东省可以针对这些国家制定相应的发展对策，从而促进山东省农产品贸易长远健康发展。

4. RCEP 协议下山东省农产品出口潜力实现的制约因素

4.1 山东省对 RCEP 区域市场集中度高

根据贸易潜力测算，在 RCEP 成员国中，山东省农产品出口分别属于贸易潜力开拓型和贸易潜力巨大型，因此山东省农产品出口并未经过充分开发，尚有较多的贸易空间，制约山东省农产品出口规模的扩大。除此之外，山东省农产品出口市场存在不均衡的情况，除韩国属于贸易开拓型，日本、澳大利亚、新西兰与东盟都属于贸易巨大型，说明山东省农产品出口多集中于以上国家，存在市场集中度过高的问题。不同的贸易潜力类型，也说明了山东省农产品出口时对待不同的国家需要根据其贸易潜力，制定不同的出口策略。

从数据分析显示，山东省农产品出口主要集中在日本和东盟。从RCEP协定签订前后数据对比来看，这一市场集中度的趋势并没有下降的趋势。RCEP协定是中国和日本首次共同参与的区域贸易协定，因此随着RCEP的签署，双方的贸易有望持续增加，从而进一步增加山东省对RCEP成员国农产品的市场集中度。

因此，根据贸易潜力测算和山东省农产品出口市场结构分，在世界经济一体化程度不断加深，各国加强贸易管控，进出口检验检疫流程和标准的提高，市场集中在部分国家增加了山东省农产品对外出口的风险。未来山东省农产品出口要着重拓宽贸易国家，如何通过降低市场集中度分散世界经济波动等不稳定因素对山东省农产品贸易产生的负面影响，是山东省农产品贸易要重点解决的问题。

4.2 山东省对RCEP区域农产品出口结构单一且附加值低

数据分析显示，山东省对RCEP区域的出口主要是H2与H4类农产品，并且H2与H4类农产品与H1及H3农产品出口占比差距较大，反映出山东省农产品出口结构较为单一。

根据贸易潜力测算，针对贸易开拓型的韩国，相比于其他成员国已经占有较多份额，因此山东省更应考虑如何提升对韩国的出口质量。不同于以往的农产品出口，拓宽山东省农产品出口商品种类，通过技术改进等方式提高山东省农产品出口附加值。但对于日本、澳大利亚、新西兰和东盟而言，山东省对其出口属于贸易巨大型，这些国家的农产品贸易市场尚未经过充分完全的开发，山东省需要利用好RCEP签署的政策红利，进一步加大对这些市场的开拓力度。首先，单一的农产品结构，使市场波动对山东省农产品贸易整体产生较大影响，从而增加山东省农产品贸易风险。其次，单一农产品结构导致农产品无法实现均衡发展。最后，单一产品结构基础上附加值低，使得山东省农产品出口价格较低，大大缩减了农产品的盈利空间，农民积极性受到打击，阻碍技术革新，营销和品牌塑造的激励缺位，从而形成恶性循环，进一步加剧目前农产品出口附加值较低的问题（周振鹏和邹冰璐，2020）。如何打破附加值低的消极闭环发展，有效打破山东省农产品产品结构单一及附加值低的问题，是山东省农产品贸易发展需要解决的关键问题。

4.3 山东省对 RCEP 区域农产品竞争力有待提升

数据分析得出，山东省对 RCEP 区域的农产品的比较优势指数较高的是 H2 及 H4 类农产品，而其 RCA 指数突破 2 的也并不多，这反映了山东省农产品缺少较强竞争力的产品。

通过贸易引力模型可以得知，人口规模对农产品的出口具有显著的正向影响。山东作为中国的人口大省，具有较大的人口规模，因此在对 RCEP 成员国的农产品出口中起到了较大的推动作用。然而，仅靠人口规模是无法提升山东省农产品的国际竞争力的。要提升山东省农产品的国际竞争力，提升农产品本身的竞争力才是关键。造成山东省农产品国际竞争力较弱的原因是多方面的。首先，就山东省农产品本身而言，产品附加值较低，多为初级产品，同时产品加工及技术发展都存在一定的滞后问题，产品本身缺乏竞争力，出口优势不明显。其次，山东省农产品品牌意识薄弱。山东省出口农产品较少对市场营销投入成本，较少打造属于自己的国际品牌，品牌意识薄弱，导致山东省农产品很难形成品牌效应，吸引国际市场关注并且在国际市场上站稳脚跟（李铭军和卢小青）。而这一现象是山东省农产品出口长久以来形成的行业性问题。

因此，结合贸易潜力测算，山东省对 RCEP 区域进行农产品出口时，不同国家分属于不同的贸易潜力国家，采取不同的贸易开拓力度与策略，从而在制定出口策略的时候也应该着重考虑产品竞争性问题。

4.4 山东省对 RCEP 区域农产品运输物流体系尚待完善

根据贸易引力模型对影响山东省对 RCEP 成员国农产品出口贸易的研究，物流服务水平和运输距离是限制其开展国际贸易的因素，物流基础设施对于提升贸易潜力、扩大市场范围具有重要作用。较远的运输距离不仅意味着更高昂的运输成本，同时加大了农产品保鲜的要求，从而进一步加大了农产品出口的成本。除此之外，腐烂变质的农产品出口也会影响国际市场对山东省农产品出口的印象，损害山东省农产品出口品牌形象，这一无形成本对山东省农产品出口也将造成巨大影响。

5. RCEP 协议下实现山东省农产品出口潜力的对策建议

5.1 加大市场开拓力度

山东省面临市场集中度较高的问题，基于此拓宽山东省农产品出口市场是山东省面临的当务之急，山东省应积极开拓全球国际市场，避免固守现有市场。随着 RCEP 协定的签署，山东省获得其他成员国的贸易利好政策，应充分利用协定中的优惠贸易条件，以此为起点拓宽贸易渠道。为了更好地促进山东省农产品出口，可以根据不同国家的市场特点进行市场分析及目前市场选择。

不同国家在自然地理、政治、经济、法律、社会及文化等方面具有差异，各具特色。山东省在开拓其国际市场过程中第一步就是需要在庞大的国际市场中分析不同国际市场的特点。首先，自然地理环境的差异决定了山东省可以大规模生产的某些农产品在他国难以批量生产，从而产生了贸易需要，提供了贸易的可能。这些自然地理环境通常包括气候、地形及自然资源等，山东省土地辽阔且气候适宜，可以在国际市场上寻找互补国家，提供其无法独立生产等农产品。其次，一国政府的政策、政局的稳定与否等会影响山东省农产品出口面临的风险大小，在经济全球化的今天，世界经济逐渐形成一个整体，RCEP 的签署正是反映这一趋势，因此山东省农产品出口应利用好国际协定和国际规则，维护并争取自己的经济利益。同时也应注意，在当今国际市场上，仍存在贸易保护主义和极具隐蔽性的非关税贸易壁垒，熟悉不同国家的贸易政策及贸易开放程度，将极大地为山东省农产品出口规避风险。最后，在经济方面，一国国内市场对山东省农产品需要状况及本国市场可以供给量决定了山东省农产品对其是否具有吸引力，能否具有充分的竞争力。

从法律角度来看，山东省在开拓国际市场上需要注重自身品牌的建设，打造全球统一的品牌形象至关重要，因此一国对品牌的保护，商标注册及保护规则的不同都是未来进入国际市场需要考虑的问题。如果一国对品牌保护的法律制定不健全，保护力度较弱都会使山东省农产品面临盗版等问题。最后要关注不同国家的文化差异，包括社会观念、价值观等，不同的文化可能会导致对某些产品存在本国独特的要求。并且文化的不同会导致消费者对包装、标签等设计具有不同的偏好，山东省农产品在开拓国际市场时也要注意关注不同的特点，相同的偏好市场集中设计可以产生规模经济，同时也要注重差异化进行本土化适应，以更好地满足一国消费者的需求。

5.2 打造多元化农产品贸易结构并提高附加值

山东省农产品出口多为初级产品，除产品附加值低之外，还面临贸易结构单一的问题，都限制了山东省农产品出口。打造多元化农产品贸易结构首先可以从产品类别的多元化开始，通过将同一农产品进行加工制造，生产其衍生品，从而提高其附加值的同时，增加其产品的多样性。其次农产品多元化可以考虑其产品层次的多元化，划分产品档次，根据目前市场、目前消费者群体的需求及消费水平不同提供不同层次的产品。既包括初级产品等附加值较低的产品，以满足低端市场及其消费者的需求，同时也要求山东省农产品生产技术革新，提供更高质、更优良的产品以满足高端市场及其消费者的需要。最后通过提升无土栽培和新型大棚技术提高不同类型农产品成苗率和存活率。借助科技提升、企业创新、大数据、云技术及物联网等手段，培育多种不同农产品，提升农产品质量，使山东省更多种类农产品可以进入国际市场参与竞争，从而多元化山东省农产品结构。鼓励山东省农产品龙头企业进行新产品研发、多类型拓展，以龙头企业为首拉动山东省整体农产品贸易提高附加值、实现结构多元化。

5.3 塑造山东省农产品国际形象提升竞争力

除农产品本身产量稳定、技术过关、质量保障等，山东省农产品提升国际竞争力还需加大其国际市场营销投入。刘议蔚和王玉斌（2021）通过问卷调查及实证研究表明：感知价值与满意度均可促进消费者对特色农产品的购买行为意向，证实为提高山东省农产品国际竞争力加大品牌塑造投入的必要性。山东省农产品在国际市场上知名品牌较少，在全球市场上没有树立起统一的全球品牌形象，这主要源于山东省农产品企业及商户品牌意识薄弱，缺少市场营销理念。相比于品牌效应和产品宣传，更多关注于产品本身的生产。但是为好的产品建立品牌形象对山东省农产品走出国门，在世界贸易市场中占据有利地位具有重大意义。品牌有助于国际市场消费者识别其生产商及产品，有力地证明产品的质量，打造统一的全球形象产生的品牌效应会极大地扩大山东省农产品在国际市场的声誉。而RCEP 协定的签署，将山东省与各成员国紧密连接在一起，从而积极地促进了品牌的传播和推广。因此，山东省农产品出口应向品牌打造、形象塑造和市场宣传上投入更多资源，利用 RCEP 协定下山东省农产品再创新、高品质等特点，通过资金投入进行品牌设计，培养具有国际视野的优秀的市场营销人员等。

5.4 完善山东省农产品国际物流运输与跨境电子商务

根据贸易引力模型可得，山东省农产品对RCEP成员国出口受运输距离的影响，通过打造完善的物流运输体系，可以助力山东省对RCEP成员国农产品的进一步发展。此外，山东省农产品除品牌设计外，农产品需保鲜，具有易腐烂等特点，要求其具有高效的物流系统。因此提高物流水平、提升物流服务也会为山东省农产品出口塑造良好的国际形象。通过着力打造包括公路、铁路等在内的基础设施互联互通，打造高效率、高水平、高质量的基础设施建设，为农产品顺利出口，保质出口提供了有力保障（翟涛等，2020）。同时检查现有交通枢纽状况是否便利合理，是否存在设计弊端阻碍产品贸易效率，从而进一步对贸易流链条进行改进。关注铁路、公路等陆运交通运输的同时，也要注意海运效率，提高对港口建设的关注度，提升运输效率，改善运输服务。充分抓住互联网时代万物互联的机遇，简化海关通关手续，便利贸易流程，打造山东省农产品贸易便利化高效化形象（孙建成和赵嵩正，2008）。同时加大对冷藏保鲜技术的改进和创新，为保障山东省农产品不在运输过程中发生腐烂变质影响其国际形象，需要强大的冷藏保鲜技术保证产品在运输途中的质量。

除此之外，在当下的发展环境下，互联网和大数据快速发展，跨境电子商务日益发展，使得距离较远的国家也可以获得优秀产品的商品信息，可以与距离较远的国家进行商品沟通，甚至是交易的达成。因此，利用跨境电子商务助力山东省农产品出口，在“互联网+”快速发展的时代，应该成为山东省农产品出口顺应时代发展、利用科技进步开拓的有力工具。建立良好的跨境电子商务系统，需要考虑山东省农产品生产地对跨境电商设备的不同需求，考虑当地本身互联网基础设施完善程度，从而做到因地制宜。完善跨境电子商务服务体系，在山东省与RCEP成员国进行跨境电商贸易时，商家和买家通过电子平台交流产品信息，商家能否准确理解买家需求并且能否准确表达自己的需求，不仅涉及了语言因素，还有文化和商务技术等因素。因此，建立完善的、积极响应跨境贸易的电子商务系统，招聘并培训优秀的跨境电子商务人才至关重要。

5.5 山东省农产品出口需要深化市场多元化战略

根据贸易引力模型，山东省农产品出口一方面要重点关注那些经济发展水平快、人口规模大以及物流运输水平高、积极融入全球经济一体化的浪潮的国家，利用好与中国建立贸易自由化组织的国家开展农产品产品出口贸易的机会，实现贸易资源的最优配置。根据贸易潜力的测算，对于不同贸易潜力型国家应采取多元化、梯度化出口策略，对于传统市场、成熟市场分别采用不同策略，一方面要理性面对传统市场，避免过度依赖；另一方面对成熟市场要从可持续发展的角度开展出口贸易。要定位有潜力的新兴市场，积极在新兴市场上站住脚跟并打开销路，从而促进山东省与RCEP 成员国农产品贸易持续健康发展。

参考文献

[1] 王金河．基于实证的山东省农产品出口现状与前景分析［J］．江苏农业科学，2014，42（5）：441-444.

[2] 盖辛，韩睿，郭彩霞，李玫瑰．山东省农产品进出口与农业经济增长关系的实证研究［J］．广东农业科学，2013，40（2）：205-209.

[3] 帅传敏．基于引力模型的中美农业贸易潜力分析［J］．中国农村经济，2009（7）：48-58.

[4] 张瑛，赵露，陈雨生．“一带一路”战略下我国水产品出口贸易研究——以山东省为例［J］．厦门大学学报（哲学社会科学版），2018（4）：135-144.

[5] 邱磊．绿色贸易壁垒对山东农产品出口的影响［J］．理论学刊，2011（11）：49-52.

[6] 付秀梅，项尧尧，薛诚，孔伟．基于引力模型的 RCEP 区域内农产品贸易潜力分析［J］．中国商贸，2014（18）：186-188.

[7] 周振鹏，邹冰璐．山东省农产品出口问题与对策分析［J］．新农

业，2020（22）：21-23

［8］李铭军，卢小青．我国农产品的价格影响因素与对外贸易发展取向——以山东省为例［J］．农业经济，2020（12）：124-126.

［9］刘议蔚，王玉斌．消费者特色农产品感知价值、满意度与行为意向——基于山东及河北城镇居民驴肉消费调查［J］．中国农业大学学报，2021，26（5）：232-244.

［10］翟涛，闫履鑫，徐杭，李萍．我国农产品对外贸易发展区际差异及影响因素研究［J］．中国农业资源与区划，2020，41（11）：6-14.

［11］孙建成，赵嵩正．山东农产品出口的特点、问题与对策［J］．宏观经济研究，2008（8）：60-65.